Peter Walther, Baujahr 1949, Aushilfsbriefträger, Bau-, Gartenbau- und Lagerarbeiter, zwischendurch Studium der Germanistik und Geschichte, 1. und 2. Staatsexamen, Interviews mit Zeitzeugen, schließlich in der Erwachsenenbildung gestrandet, hat jetzt im Ruhestand dem Schreiben den weitesten Raum in seinem Leben eingeräumt. Er tritt auf Lesebühnen und Poetry Slams auf, hat unter dem Titel „Schräge Gestalten" gesammelte autobiographische Notizen und mit „Der Herrgott beim Enzianwirt am Wilseder Berg" eine absurde Hommage an Arno Schmidt veröffentlicht, ein Jahr lang Samstag für Samstag seine Kolumne „Nicht verzagen – WikipeteR fragen" abgeliefert, schreibt immer wieder an seinem Roman „Potemkinsche Hunde", der aber wohl nie fertig wird, und sitzt gerade an einer erweiterten Fassung des „Herrgotts", die im Frühjahr als „169 Komma zwo. Des Herrgotts Haidnisches Symposion" erscheinen soll.

Peter Walther

NICHT VERZAGEN – WIKIPETER FRAGEN
GESAMMELTE KOLUMNEN

Bibliografische Information der Deutschen Nationalbibliothek:
Die Deutsche Nationalbibliothek verzeichnet diese Publikation in der
Deutschen Nationalbibliografie; detaillierte bibliografische Daten sind
im Internet über http://dnb.d-nb.de abrufbar.

Herstellung und Verlag:
BoD – Books on Demand, Norderstedt
ISBN 978-3-7481-1769-8

Inhalt

Zagen

Der Humorkritiker Hans Mentz fragt:

> *„Aber wie zagen wir sonst, wenn nicht ver?"*

WikipeteR antwortet:

Wohl gefragt. Denn vor 800 Jahren war es bei Hinz und Kunz und den fahrenden Sängern noch ohne den dämpfenden Wattebausch des „Ver-" im Sinne feigen Zurückschreckens im Schwange, zum Beispiel in Hartmann von der Aues „Iwein" im Vers 3745:

> *die der vluht vergâʒen*
>
> *die wurden âne zagen*
>
> *alle meisteil erslagen*

Ganz ohne Zittern und Zagen, dafür mutig und unerschrocken geht dagegen die PARTEI in den Kommunalwahlkampf und bietet den Spaß-, den Wutbürger- und den etablierten Parteien trotzig die Stirn. Da weiß man, was man wählt.

Lottozahlen

> *„Kannst Du mir sagen, mit welchen Zahlen man am Samstag bei der Lottoziehung erfolgreich sein wird?"*
>
> *„Wie backt man 6 Richtige?"*
>
> *„Hast Du mal die Zutatenliste?"*

Das fragen die drei Grazien aus den Twitterlanden.

WikipeteR antwortet:

„Meine Großmutter Berta, eine fromme Baptistin, hatte ein Rezept. Jeden Freitagnachmittag Punkt halb drei stellte sie eine Blechdose mit den Zutaten, 49 mit den Zahlen 1 bis 49 säuberlich beschriftete und zusammengerollte Zettel, auf den Eßtisch in der Stube, rief uns Enkelkinder zu sich, meist meine Cousinen Sigrid und Jutta, meinen kleinen Bruder und mich, sprach ein kurzes Gebet, der Herr möge gnädig sein und unsere unschuldigen Hände nach seinem Plan führen, und ließ uns sechs Lose aus dem Blechtopf ziehen.

Waren nicht gerade Ferien und die beiden Cousins aus Wolfsburg zu Besuch, durften die beiden Mädchen zweimal in die Dose greifen. Das fand ich schon deshalb ungerecht, weil ich der Älteste war und auch als der Klügste galt.

In den 1970er Jahren wollte ich die Sache wissenschaftlicher angehen, führte lange Tabellen mit den am seltensten sowie den am längsten nicht mehr gezogenen Zahlen und kombinierte diese Reihen nach ausgeklügelten und Woche für Woche optimierten mathematischen Formeln. Beide Methoden, die auf Gott und die auf den Rechenweg vertrauende, hatten nur mäßigen Erfolg und brachten nie mehr als einen Vierer. Wie sollte es auch anders sein? Über die Ziehung der Lottozahlen regiert nämlich weder ein Gott noch irgendeine ausgleichende Zahlengerechtigkeit, über die Ziehung regiert der Zufall.

Alle Zahlen haben die gleiche Chance, gezogen zu werden, keine wird wegen einer ihr innewohnenden Eigenschaft bevorzugt oder benachteiligt, 1:49 bei der Ziehung der ersten, 1:48 bei der zweiten, 1:47 bei der Ziehung der dritten Zahl, je weniger Zahlen noch im Spiel sind, desto höher die Chance für die verbleibenden, gezogen zu werden, 1:44 dann bei der sechsten und letzten Zahl, die ausgelost wird. Wegen dieser absoluten Chancengleichheit ist das Zahlenlotto eine urdemokratische Angelegenheit. Und weil alle Zahlen mit der gleichen Würde begabt sind und der Zufall die eine nicht mehr oder weniger liebt als die andere, ebenso wie Gott keinen Unterschied macht bei allen Lebewesen, aus diesem Grund ist das Zahlenlotto gleichzeitig auch etwas Urchristliches.

Nicht zuletzt aber ist das Zahlenlotto eine zutiefst kapitalistische Angelegenheit. Für ganz kleines Kapital – einen einzigen Euro zahlt man derzeit für ein Spiel – kann man schnell Riesengewinne einstreichen. Zehn, zwanzig, dreißig oder gar dreiundvierzig Millionen sind keine Seltenheit. Eine höhere Profitrate läßt sich mit keiner anderen Anlage erzielen, freilich ist die Aussicht, alles zu verlieren, weil man auf die falschen Zahlen gewettet hat, sehr viel wahrscheinlicher.

13.983.816 verschiedene Möglichkeiten gibt es, sechs von 49 Zahlen anzukreuzen, davon sind immer 13.983.815 falsch und nur eine einzige richtig. Für einen Gewinn in der höchsten Klasse, mit dem allein man den Jackpot knacken kann, muß zudem die letzte Ziffer der Spielscheinnummer auch noch mit einer extra gezogenen „Superzahl“ übereinstimmen. Statistisch wahrscheinlicher ist es, irgendwer hat auch das nachgerechnet, beim Scheißen vom Blitz getroffen zu werden, nur werden Woche für Woche millionenfach mehr Lottowetten abgeschlossen als Menschen während eines Gewitters ihre Notdurft im Freien verrichten.

Vielleicht hilft es, dutzende, hunderte, ja tausende Tipps abzugeben, vielleicht sogar Systemscheine mit allen möglichen Kombinationen aus acht, neun oder zwölf ausgewählten Zahlen? Sicher, das erhöht die Gewinnchancen ein wenig, aber es bleiben immer noch zu viele Möglichkeiten ausgeklammert. Zudem wächst mit der Zahl der Wetten, die man abschließt, auch die Wahrscheinlichkeit, daß man pfeilgrad die Hälfte seines Einsatzes wieder verliert.

Ein Spiel kostet einen Euro, davon gehen nach § 17 Abs. (1) RennwLottG sechzehnzweidrittel Cent als Lotteriesteuer an das Finanzamt, dreiunddreißigeindrittel Cent bleiben bei den Gesellschaften des Deutschen Lotto- und Totoblocks, die den Bundesländern und den Sportverbänden gehören, nur fünfzig Cent werden als Gewinn an die Spieler ausgeschüttet. Käme also jemand auf die Idee, alle 13.983.816 möglichen Zahlenkombinationen zu spielen, jede Variante auf zehn Scheinen mit zehn verschiedenen Endziffern, müßte er dafür 139.838.160,00 € aufwenden, Schäuble kassierte davon 23.306.360,00 € ein, die Lottogesellschaft seines Bundeslandes 46.612.720,00 €, an ihn selbst flössen im Schnitt nur 69.919.080,00 € als Gewinn zurück. Lotto ist also nicht nur urdemokratisch, urchristlich und erzkapitalistisch, sondern auch noch im höchsten Maße staatstragend und ein sicheres Verlustgeschäft für die Millionenschar an Tippern.

Die aber scheren sich nicht um die Verluste, denn die bleiben für die einzelnen, wenn es sich nicht um notorische Spieler handelt, im erträglichen Rahmen. Es lockt das große Geld. Im Geld aber, so Karl Marx, zeige sich das entfremdete Wesen des Daseins, das die Menschen beherrsche und das diese zu allem Übel auch anbeteten. Im Kapitalismus wird alles zur Ware, sogar Wasser, Luft und Liebe und damit käuflich. Nestlé arbeitet daran. Je mehr Geld man besitzt, desto mehr kann man sich kaufen. Leuchtet schon in jedem Cent, den man auf dem Gehweg findet, die Glücksverheißung, um wieviel mehr dann im Vierzigmillionengewinn, mit dessen Hilfe man vielleicht die Entfremdung überwinden und endlich mit der Selbstverwirklichung anfangen kann?

Vertrackterweise entspringt aber diese Entfremdung gerade der Warenproktion und dem Geld immer wieder aufs Neue und hält das Karussell in Gang. „Es gibt kein richtiges Leben im falschen", schrieb Theodor Wiesengrund Adorno 1945 dazu. Das gilt bis heute, nicht nur für die Glücksverheißungen der amerikanischen Verfassung, des Zahlenlottos und der Schlagermoves, das gilt auch für die zahllosen Versprechungen von Parteien und Politikern in den Wahlkämpfen, die dem Stimmvieh etwas vorgaukeln, was nie in Erfüllung gehen kann.

Die anderen Parteien versprechen alles und können doch nichts halten, die Partei Die PARTEI verspricht dem Wähler nichts und kann deshalb alles halten. „Alles ist Nichts und Nichts ist Alles", lehrt uns Rei Ho Hatlapa. In diesem Sinne wünsche ich Ihnen ein schönes Wochenende und viel, viel Glück bei der Ziehung der Lottozahlen.

Rote Straße

Irmi aus Stuttgart fragt:

> *„Sag mal: Warum heißt die Rote Reihe in Göttingen eigentlich Rote Reihe?"*

WikipeteR antwortet:

Eine Rote Reihe gibt es in Göttingen nicht. In Hannover, in der Calenberger Neustadt, ja, da finden wir eine Straße mit diesem Namen. In der Nummer 2 hat einst der Serienmörder Fritz Haarmann gewohnt, der dort 27 junge Männer beim Liebesspiel erwürgt und zerstückelt, ihr Fleisch an ein befreundetes Restaurant und ihre Kleidung auf dem Schwarzmarkt verkauft hat. In Göttingen gibt es dafür die Rote Straße.

Ebensowenig, wie die Rote Reihe in Hannover nach dem blutigen Treiben Haarmanns benannt wurde, hat die Göttinger Rote Straße ihren Namen vom Blut, das dort in alten Zeiten aus einer Schlachterei auf die Straße geflossen sein und die Gosse rot gefärbt haben soll. Rote Straße heißt sie offiziell seit 1864, ist aber schon viel älter. Im Mittelalter war sie ein Teil der Leinefurtstraße vom Dorf Gutingi zur Gerichtsstätte auf dem Leineberg und wird in Dokumenten aus dem 14. und 15. Jahrhundert platea ruffa oder auch platea rubea genannt, was entweder auf Hermannus Rufus (= Rode), den Rektor der Fronleichnamskapelle, oder auf Rot als traditionelle Farbe des Gerichts zurückgehen soll. Einig ist sich die Geschichtswissenschaft in dieser Frage nicht.

Einst gehörte sie zu den vornehmeren Straßen der Stadt und wurde von einflußreichen Kaufleuten bewohnt. Im oberen Teil der Roten Straße ist davon nichts mehr zu spüren. Hier scheint die Zeit vor 40 Jahren stehen geblieben und die Straße ihren Namen aus politischen Gründen zu tragen.

1970 sollten die Häuser abgerissen werden und an ihrer Stelle ein „modernes" Studentenwohnheim mit Wohnklo-Atmosphäre errichtet werden. 1971 begann man mit der Entmietung, im Juni standen die Häuser in der Roten Straße leer – bis auf eines, dessen Bewohner sich weigerten, ohne adäquaten Ersatz auszuziehen. Nach der erfolgreichen Besetzung des Bethaniens in Berlin schwappte die Welle auch nach Göttingen, die restlichen Abrißhäuser in der Roten Straße wurden besetzt und die neuen Bewohner begannen mit Renovierungsarbeiten. Das Studentenwerk übernahm daraufhin die Verwaltung der Gebäude und legalisierte die Besetzung mit Verträgen nach dem „Göttinger Modell": Mietverträge ohne Schutzklauseln und ohne Mindestmaß an Mietrecht.

1975 ließ das Studentenwerk in einem Gutachten die „Abrißtüchtigkeit" der Häuser der Roten Straße feststellen. Die Bewohner konterten mit einem Gegengutachten und weigerten sich, für den Abriß der Häuser auszuziehen.

Nach mehr als zwei Jahren der Auseinandersetzung wurden dann die Häuser unter Mitbestimmung der Bewohner saniert und Kollektivmietverträge abgeschlossen, nicht mit den einzelnen Mietern, sondern mit den Häusern, die in Form von Gesellschaften und Vereinen organisiert sind. Entscheidungen über neue Mitbewohner treffen die WGs, eine entsprechende Klausel im Vertrag ermöglicht es auch Nicht-Studenten, in den Häusern zu wohnen. Bis heute konnten alle Versuche des Studentenwerks, mit neuen Gutachten eine radikalere Sanierung durchzusetzen sowie die Selbstverwaltung als „nicht mehr zeitgemäß" wieder abzuschaffen und durch Einzelmietverträge mit Wohnzeitbeschränkung zu ersetzen, abgewehrt werden.

Zwischen 50 und 60 Menschen leben hier und bilden den Kern (oder die letzte Bastion?) einer linksautonom-anarchistischen Szene in Göttingen. Brandanschläge auf die Ausländerbehörde und ähnliche mit Gewalt gegen Sachen verbundene Aktionen schreibt die Polizei gern den Bewohnern zu, durchsucht die Häuser mit Spürhunden und sperrt die Rote Straße mit mehreren Hundertschaften Bereitschaftspolizei ab.

Allerdings ist die Linke in Göttingen untereinander genauso zerstritten wie anderswo. Zu den Kommunalwahlen im September treten gleich zwei Listen an, die „Göttinger Linke" und die „Antifaschistische LINKE", und wollen sich die wenigen Wähler gegenseitig abspenstig machen. Auch das Wohnprojekt in der Roten Straße bleibt von Zwistigkeiten nicht verschont. Eine aus Solidarität herausgehängte israelische Fahne wurde von „israelkritischen" Linken als „antideutsche Provokation" empfunden und mit einem Farbbeutelwurf auf die in Welfengelb gehaltene denkmalgeschützte Fassade beantwortet, worauf die Fahne wieder eingezogen wurde.

Ansonsten gilt der obere Teil der Roten Straße als linkes Hoheitsgebiet, das es vor allem gegen rechte Eindringlinge zu verteidigen gilt. Als vor drei Jahren ausgerechnet wenige Häuser entfernt in den Räumen des ehemaligen Buchladens Rote Straße (der schon lange an den Nikolaikirchhof umgezogen ist) ein den Hells Angels zugerechnetes Tattoo-Studio aufmachte und beim Sektempfang zur Eröffnung drei Neonazi-Größen aus Northeim gesichtet wurden, stürmte ein spontan zusammengestellter Antifa-Trupp das Geschäft und richtete für 2000 Euro Schaden an.

Am letzten Sonntag durchschritt ein Trupp der Partei Die PARTEI die Rote Straße von unten bis oben. Wir waren auf dem Weg zur Kundgebung eines sehr breiten Bündnisses gegen eine der sogenannten „Mahnwachen" der Neonazis vom „Freundeskreis Thüringen / Niedersachsen" – ausgerechnet auf dem Albaniplatz, auf dem 1933 die Bücherverbrennungen stattgefunden haben. Die Bewohner der Roten Straße riefen auch dazu auf.

Unten machte ich unliebsame und schmerzhafte Bekanntschaft mit dem rutschigen Straßenpflaster, als ich mit dem Rad abbremste und in nicht mehr aufzuhaltende Schräg- bis Seitwärts-Waagerecht-Lage kam, das war aber kein böses, sondern ein gutes Omen, oben wurden wir von Uniformierten aufgehalten, die wir wohl mit unserer adretten PARTEI-Uniformierung in Grau-Blau-Rot ein wenig irritierten. Zu welcher der beiden Demos wir denn wollten? Zu der des Bündnisses, war unsere korrekte Antwort und wir durften passieren. Was wäre geschehen, wenn wir anders geantwortet hätten? Hätte man uns auf Schleichwegen zur „Mahnwache" geleitet?

Die Kundgebung verlief so, wie solche Kundgebungen stets ablaufen. Erst stellten sich Frei- und Sozialdemokraten mit ihren Fahnen und Transparenten friedlich ganz nach vorne an die Absperrung, dann wurden sie vom harten Kern der Antifa abgelöst, die weniger friedlich versuchte, die Absperrung zu ungeeigneter Zeit und mit ungeeigneten Mitteln zu überwinden, und mit Gewalt daran gehindert wurde. Das Häuflein von 33 Mahnwachen-Nazis traf ein, die Menge skandierte: „Haut ab! Haut ab! Haut ab!", die Polizei gab mehrmals durch, die teilweise Aufhebung des Vermummungsverbots sei nun wieder aufgehoben, die Menge (ca. 400 schätze ich) und die Nazis (gut abgeschirmt und kaum zu sehen) zeigten sich gegenseitig den Stinkefinger, ein Greiftrupp der Polizei schwärmte aus, Missetäter aus den Reihen zu fangen, wurde aber seinerseits umzingelt und mußte sich wieder zurückziehen. Das war's. Nicht nur am letzten Sonntag, sondern auch für heute. Schönes Wochenende!

Freitag, 12. August 2016

Massenpsychologie

Frank Lepold aus Offenbach fragt:

> *„(Ergibt sich aus der Tatsache, dass Massen zur Theorie werden, wenn materielle Gewalt sie ergreift, Handlungsbedarf?"*

WikipeteR antwortet:

Nach Josef Loderbauers „Das Konditorbuch in Lernfeldern" bestehen Massen hauptsächlich aus Zucker und Eiern, weniger aus Mehl, Speisestärke und Fett, und sind im Gegensatz zu den formbaren und rollfähigen Teigen weich und schaumig in ihrer Konsistenz und müssen deshalb fürs Abbacken gespritzt oder in Formen gefüllt werden. Wenn die materielle Gewalt in Form eines aufgeheizten Backofens diese Massen ergreift, werden sie aber nicht zu Theorien, sondern zu leckeren Kuchen.

Für die Physik sind Massen a priori theoretische Größen, die durch den Widerstand definiert werden, den Körper entgegensetzen, wenn materielle Gewalt in Form von Beschleunigung sie ergreift. Das leuchtet auch unmittelbar ein. Ein Sumo-Ringer hat der Beschleunigung halt mehr entgegenzusetzen als etwa ein Usain Bolt. Schon schwerer zu begreifen ist die Physik im Quadrat, die sich mit Massen beschäftigt, die spezielle Relativitätstheorie nämlich, und an der vor allem, daß die Masse eines Körpers nicht konstant sein soll, sondern ihren Wert mit der Geschwindigkeit vergrößert. Da müßte ja Usain Bolt bei seiner Beschleunigung im Endspurt mit der Masse

15

von zwei Sumoringern ins Ziel krachen. Wer aber Ferdi Brand aus Essern kennt und nur einmal erlebt hat, wie er beim Tischfußball mit nur einer Hand, die andere auf dem Rücken festgebunden, ein Doppel auf der Gegenseite mir nichts, dir nichts abgefertigt hat, der versteht auch, daß dessen 200 Kilogramm Masse nur von der blitzartigen Beschleunigung herrühren können, mit der er die vier Stangen bedient.

Ich fürchte, der Frager meint weder die Massen, aus denen der Konditor seine Gebäcke zaubert, noch die Massen, mit denen der Physiker theoretisch jongliert, ich fürchte, er meint die Masse im politischen Sinn, die Masse als einen Haufen von Menschen, in dem das Individuum aufgeht und als Einheit im Guten und im Bösen mehr bewirkt als es der Einzelne vermag. Das Rauschhafte im Aufgehen in der Masse hat niemand so gut beschrieben wie Heinrich Mann im „Untertan".

> *„Hurra, schrie Diederich, denn alle schrien es. Und inmitten eines mächtigen Stoßes von Menschen, der schrie, gelangte er jäh bis unter das Brandenburger Tor. Zwei Schritte vor ihm ritt der Kaiser hindurch. Diederich konnte ihm ins Gesicht sehen, in den steinernen Ernst und das Blitzen, aber ihm verschwamm es vor den Augen, so sehr schrie er. Ein Rausch höher und herrlicher als der, den das Bier vermittelt, hob ihn auf die Fußspitzen, trug ihn durch die Luft. Er schwenkte den Hut hoch über allen Köpfen in einer Sphäre der begeisterten Raserei, durch einen Himmel, wo unsere äußersten Gefühle kreisen. Auf dem Pferd dort unter dem Tor der siegreichen Einmärsche und mit Zügen steinern und blitzend ritt die Macht."*

Für die Marxisten zu Anfang des 20. Jahrhunderts, für Rosa Luxemburg mehr, für Lenin weniger, waren die Massen vor allem die Mehrheit der Proletarier gegenüber der Minderheit der Ausbeuter und revolutionäres Subjekt, Massenorganisation und Massenkampf, vor allem Massenstreik, Mittel, die Revolution durchzuführen. Wirtschaftskrise und wachsende Armut würden die Volksmassen immer weiter nach links treiben und die revolutionären

Tendenzen verstärken, glaubte man. Es kam aber anders. Die Masse reagierte wie Diederich im „Untertan" und lief dem Faschismus in die Arme.

Wilhelm Reich hatte das schon früh vorhergesehen. In seinem Werk „Massenpsychologie des Faschismus" führt er aus, jahrhundertelange repressive, autoritäre und sexualfeindliche Erziehung habe zu Sehnsucht nach Befreiung geführt, einer mystischen Sehnsucht nach Erlösung bei gleichzeitiger Unfähigkeit, die Freiheit selbst wirklich zu leben und zu lieben. Dieser massenweise auftretende Widerspruch zwischen Freiheitssehnsucht und Freiheitsangst sei der Boden, auf dem der Faschismus wachsen könne. Für diese Thesen wurde Reich sowohl aus der KPD als auch aus der Psychoanalytischen Vereinigung ausgeschlossen.

Die Massen werden nicht träge, sie gehen auch nicht automatisch nach links, wenn sie von materieller Gewalt ergriffen, bei denen, die entgeistert die Hände über dem Kopf zusammenschlagen, werden sie zur Theorie, ansonsten marschieren sie mit der Pegida und ähnlichem Gelichter, wählen AfD und trinken unterirdisch schlechtes Bier. Handlungsbedarf entsteht durchaus, auf die Faschisten einzudreschen hilft aber auch wieder nicht, sondern bedient nur unsere eigenen Neurosen.

Was tun? Wir könnten, wie damals viele 68er, Kommunarden und Hippies auch, Wilhelm Reich vulgär verstehen und unser Heil in den drei Worten suchen, mit denen noch vor 15 Jahren ein User, der sich Krabat nannte, jeden zur Diskussion gestellten Text im Forum des Literaturcafés kommentierte:

„Ficken. Ficken. Ficken."

Fettflecken

Hannelore P. aus Berlin fragt:

> *„Was wollen uns die Fettflecken in Büchern sagen?"*

WikipeteR antwortet:

Die schlimmsten Fettflecken in meinem Leben waren die, mit denen damals in der ersten Klasse meine Fibel, „Hans und Lotte", verunstaltet wurde. Peter Zachow, der neben mir saß, hatte seine eigene dauernd vergessen, und wenn er an der Reihe war, zwang mich der alte Marquardt regelmäßig, ihm meine rüberzuschieben, die er dann mit seinen dreckigen Fingern, an denen noch Leberwurst und Margarine vom Pausenbrot klebten, widerlich betatschte. Diese Fettflecken sagten mir gar nichts außer: „Peter Zachow ist doof!" Daß er in Lesen, Schreiben und Rechnen viel schlechtere Noten hatte als ich, in Musik und Sport aber viel bessere, bestätige mich nur in diesem Urteil.

Archäologen, Historikern, Soziologen oder der Spurensicherung können Fettflecken in Büchern dagegen alles über die Lebens-, Lese- und Eßgewohnheiten der Verursacher verraten. Welche Bücher werden bei welchen Gelegenheiten gelesen? Haben Butter oder Margarine, Lein-, Maiskeim- oder Olivenöl, Leberwurst oder Blutwurst, Mortadella oder Feldgieker, Thunfisch oder Sardinen die Flecken hinterlassen? Wurde während des Essens gelesen und das Buch in der rechten oder in der linken Hand gehalten oder wurde das Buch achtlos aufgeklappt auf der Butter abgelegt? Hat sich jemand auf der Liegewiese mit seinem eingecremten Hintern darauf gesetzt oder wurde es gar als Unterlage für raffinierte Liebesspiele benutzt? Fragen über Fragen, für deren Beantwortung ein Kriminallabor vielleicht eine ganze Woche, Sherlock Holmes aber nur einen einzigen Blick braucht, nach dem er auch gleich den Täter nennen kann.

Auch einem Psychologen können die Fettflecken etwas über das Seelenleben seiner Patienten sagen. Er muß ihnen beim Rorschachtest nur die Fettflecken anstelle der Klecksbilder vorlegen und kann seine Diagnose stellen, je nachdem, ob darin eine Wolke, eine Rose, eine Hirschkuh, ein Wildschwein, Johnny Depp oder Angela Merkel gesehen wird.

Wer aber nicht möchte, daß man in den Fettflecken wie in einem offenen Buch liest und alles über seinen Charakter, seinen Lebenswandel und seinen Geisteszustand erfährt, der sollte sie tunlichst aus seinen Büchern wieder entfernen. Ratgeberseiten im Internet verraten, wie man am besten vorgeht.

Auf frische Flecken kann man Hausmittel mit saugender Funktion, das wären etwa Salz, Natron, Backpulver Babypuder, zerstampfte Tafelkreide, Kartoffelmehl oder Speisestärke streuen, das Pulver leicht andrücken, ein paar Minuten einwirken lassen und dann abklopfen. Alte Flecken muß man vor dieser Prozedur mit einem Bügeleisen oder einem Föhn erwärmen, um das Fett zu verflüssigen. Man kann auch Löschpapier auf den Fleck legen und dann bei schwacher Hitze über das Papier bügeln, damit das Fett vom Löschpapier aufgenommen wird. Das Booklookerforum hält von alledem nichts und empfiehlt stattdessen die Auflösung durch Alkohol, Salmiak oder Toluol.

Ich selbst versaue mir meine Bücher lieber nicht zusätzlich mit schmuddeligen Pulver-Fettmischungen, kippe auch nicht so gerne Alkohol nutzlos in sie hinein und empfehle, störende Flecken einfach mit einer Schere herauszuschneiden und beim nächsten Lesen die fehlenden Buchstaben und Wörter nach eigenem Geschmack und Vorstellungsvermögen zu ergänzen.

In diesem Sinne wünsche ich allen Leserinnen jeglichen Geschlechts noch ein schönes Wochenende.

Kakerlaken

Frau Blueeye aus Rinteln fragt:

> *„Würde die Kakerlake wirklich als einzige den Krieg überle-*
> *ben, wenn es nur zwei männliche Exemplare gäbe?"*

WikipeteR antwortet:

Der Seeräuber Klaus Störtebeker soll nach seiner Enthauptung noch an elf seiner Likedeelers vorbeigeschritten sein, bevor ihm Scharfrichter Rosenfeld ein Bein stellte. Für eine Kakerlake wäre das keine Leistung. Die hält ohne Kopf volle elf Tage durch. Ihre Körperfunktionen werden nämlich nicht von einem Gehirn gesteuert, das dort seinen Sitz hat, sondern wird von einem Strickleiternervensystem, das in Ganglienpaaren über ihre Körpersegmente verteilt ist. Am Ende müssen diese kopflosen Kakerlaken aber doch noch verdursten und verhungern, einfach, weil ihnen ein Mund zur Nahrungsaufnahme fehlt. Im Gegensatz zum Leben ohne Kopf kann es der Mensch in dieser Hinsicht durchaus mit der Kakerlake aufnehmen, elf Tage ohne Trinken sind schon Eingeschlossenen oder Verschütteten und 70 Tage ohne Essen von Hungerstreikenden überlebt worden. Eine Australierin behauptet sogar, seit 1993 ohne Essen ausgekommen zu sein und sich mit Ausnahme eines Stückchens Schokolade alle vier Wochen ausschließlich von Prana ernährt zu haben.

Prana, Lichtnahrung, Photosynthese – das traue ich ja eher der Lebensform einer Kakerlake zu als einer durchgeknallten Australierin, die Arterhaltung über ein übriggebliebenes Männchenpaar, wie in der Frage der Woche angedeutet, aber auch der nicht. Männchen ohne Weibchen können sich bei Kakerlaken und Menschen nicht vermehren, Weibchen ohne Männchen bei Kakerlaken schon, bei Menschen nur, wenn ein Gott seine Hände oder sonst etwas im Spiel hat. Einige Schabenpopulationen vermehren sich durch Thelytokie, eine Art der Jungfernzeugung, bei der Töchter hervorgebracht werden, ohne auf väterliches Erbgut angewiesen und ohne Klone der Mutter zu sein.

Wenn es also nichts mit der Arterhaltung über einen Atomkrieg hinaus nur durch Männchen ist, so können Kakerlaken doch eine friedenstiftende Wirkung ausüben und durch diese Kriege verhindern. Mein alter Biologie- und Klassenlehrer Hubertus F., ein Freund von Ohrfeigen als Erziehungsmittel, eines naturnahen Lebens im Walde, des Fischens mit Dynamit und nicht zuletzt einer völkischen Ideologie, hat von seiner Ansicht der Minderwertigkeit dunkelhäutiger Menschen in dem Moment abgelassen, als er in den Straßen New Yorks mit „meinen Negern", wie er sich ausdrückte, um die Wette Kakerlaken zertrat und in ihnen seine Brüder erkannte. Die Wege der Schabe sind unergründlich.

Er sei „… the one life form besides the cockroach capable of surviving a nuclear war", behauptete Bill Clinton im November 2011 in seiner Laudatio über Keith Richards, als dem der Norman-Mailer-Preis für seine Autobiographie „Life" verliehen wurde.

Wegen ihres dicken Chininpanzers können Kakerlaken radioaktive Strahlen viel besser vertragen als Menschen. Für die ist eine Strahlendosis von fünf bis zehn Gray in einem Zeitraum von wenigen Wochen tödlich. Schaben dagegen halten ohne weiteres die zehnfache Menge aus. Deshalb hätten sie die Bomben von Hiroshima und Nagasaki überleben können. Allerdings beträgt die Vernichtungskraft heutiger Atomwaffen leicht das Hundertfache dieser beiden ersten Bomben. Bei einem weltweiten Atomkrieg würden deshalb auch alle Kakerlaken vernichtet.

Wir müssen Bill Clinton korrigieren: Nur die Lebensform Keith Richards wird einen Atomkrieg überleben. Und wenn der Herrgott eine Einsicht hat, läßt er ihm auch noch einige Blondinen mit strahlensicheren Silikonbrüsten aus ostzonaler Produktion als Gefährtinnen.

In diesem Sinne wünsche ich Ihnen ein schönes Wochenende mit strahlendem Sonnenschein.

Barthes, Kommunikationsguerilla und PARTEI

fflepp fragt:

> (*„Ist die beste Subversion nicht die, Codes zu entstellen, statt sie zu zerstören?" Barthes*)

WikipeteR antwortet:

Ja, ja, ja und abermals: JA!

Ein überaus gelungenes Beispiel einer solchen Kommunikationsguerilla gibt die Partei Die PARTEI, der politische Arm der Titanic, der 2004 – gute Güte, 12 Jahre ist das auch schon wieder her – aus dem geschützten Raum (und Käfig – jawohl!) einer Satirezeitschrift befreit und in den politischen Alltag geworfen wurde. Und die PARTEI lebt immer noch. Pfeilgrad deshalb, weil sie eben nicht darauf aus war, als Anti-Partei zu wirken und die Codes zu zerstören, sondern als uneigentliche Partei diese zu entstellen. Wenn Materie auf Antimaterie trifft, Physiker wissen es, Science-Fiction-Leser und Verschwörungstheoretiker noch besser, vergehen beide ins Nichts. Bei diesem Akt der Zerstörung wird ungeheure Energie freigesetzt. Treffen Parteien und Antiparteien aufeinander, ist es ebenso. Nur, daß man mit der dabei freigesetzten Energie noch nicht einmal einen Akku aufladen kann.

Die Geschichte zeigt es. Die beiden großen Konzepte des vergangenen 20. Jahrhunderts für Antiparteien und Antipolitik, Lenins „Was tun?" von 1905 und Hitlers „Mein Kampf" von 1925, haben außer Zerstörung nichts bewirkt, die gesellschaftlichen Veränderungen, die ursprünglich damit beabsichtigt waren, dabei noch nicht einmal im Ansatz hergestellt. Alle Versuche von rechts wie auch von links, diese zerstörerischen Anti-Konzepte in der zweiten Hälfte des vergangenen Jahrhunderts wiederzubeleben, können wir unter dem Gesichtspunkt, daß nach Hegel „alle großen weltgeschichtlichen Thatsachen und Personen sich so zu sagen zweimal ereignen", nach Marx „das eine Mal als große Tragödie, das andre Mal als lumpige Farce", getrost belachen, so gefährlich sie uns auch aktuell erschienen sind oder noch erscheinen.

Wenn ich recht informiert bin, hat Roland Barthes seine Frage –
„Ist die beste Subversion nicht die, Codes zu entstellen, statt sie zu
zerstören?" – schon 1957 gestellt, sie war aber nicht auf politisches
Handeln außerhalb, sondern auf die Schreibweise (écriture) von Literatur als eine dritte Dimension künstlerischer Form zwischen
Sprache und Stil gemünzt. Sprache sei nicht als Transportmittel be-
stimmter Botschaften zu verstehen, sondern Bühne für das Spiel
der Wörter. Subversion sei die Arbeit des Verschiebens, über die
Austausch und Verschmelzen von Poesie und Kritik möglich seien.
Die Kommunikationsguerilla – von den Spontigruppen der 1970er
und 1980er Jahre über Hackerkultur und Diskordianismus bis hin
zum Zentrum für politische Schönheit heute – überträgt nun die
Tätigkeit des Verschiebens und Entstellens der Codes aus den engen Grenzen der Literatur in vielfältige Formen des politischen Ak-
tivismus und erweitert ihr Werkzeug, das uneigentliche Sprechen,
um das uneigentliche Handeln. Instrumente des uneigentlichen
Sprechens sind die schon aus der Antike bekannten rhetorischen
Tropen wie etwa Hyperbel, Ironie, Litotes, Metonymie, Synekdo-
che oder Katachrese, Interessierte mögen googeln oder sich besser
ein Lehrbuch in der nächstgelegenen Universitätsbibliothek auslei-
hen, Instrumente des uneigentlichen Handelns sind etwa Camouf-
lage, Collage, Montage, Erfindung falscher Tatsachen zur Schaffung wahrer Ereignisse, Faken, subversive Affirmation, Überiden-
tifizierung oder Verfremdung.
Auf Facebook, Twitter und anderswo gibt es immer wieder die Forderung, uneigentliches Sprechen als solches zu kennzeichnen, beispielsweise durch spezielle Ironietags oder ein nachgeschobenes
„Nicht". Aber dann wäre es kein uneigentliches Sprechen mehr,
sondern Klartext und verlöre seine subversive Wirkung. Vielleicht
ist es aber der Zweck solcher Forderungen, pfeilgrad diese Subversion zu verhindern, die durch die Unbestimmtheit und den daraus
resultierenden Zwang zum Denken hervorgerufen wird. Die Meister dieses Fachs, Andy Kaufman, M.A. Numminen und auch Helge
Schneider, haben ihr öffentliches Reden und Handeln aus gutem

Grund nie als uneigentlich gekennzeichnet. Das unterscheidet sie von den Komikern und Witzeerzählern wie Mario Barth oder Atze Schröder.

Auch die Partei Die PARTEI sollte die Hände von jeglicher Kennzeichnung als Satire lassen und weder als eigentliche Partei noch als Anti-Partei noch als Alternative für den Wutbürger handeln, sondern stets als uneigentliche PARTEI größtmögliche subversive Wirkung entfalten. Dann und nur dann kann sie vielleicht einmal einen ähnlichen Erfolg feiern wie Jón Gnarr mit seiner „Besti flokkurinn" (Die beste Partei) in Island, der es mit der Parole „Alles ist machbar!", Forderungen wie kostenlose Handtuchnutzung in Schwimmbädern und Kommunikationsguerilla-Aktionen zum Bürgermeister von Reykjavík gebracht hat.

Freitag, 9. September 2016

Göttliche Gosse

Irmi aus Stuttgart fragt:

> *Woher stammt der Name „Göttingen" ursprünglich? Waren da Göttinnen am Werk, die Göttingen den Namen gaben?*

WikipeteR antwortet:

> *Die Stadt Göttingen, berühmt durch ihre Würste und Universität, gehört dem Könige von Hannover, und enthält 999 Feuerstellen, diverse Kirchen, eine Entbindungsanstalt, eine Sternwarte, einen Karzer, eine Bibliothek und einen Ratskeller, wo das Bier sehr gut ist. Der vorbeifließende Bach heißt »die Leine«, und dient des Sommers zum Baden; das Wasser ist sehr kalt und an einigen Orten so breit, daß Lüder wirklich einen großen Anlauf nehmen mußte, als er hinübersprang. Die Stadt selbst ist schön, und gefällt einem am besten, wenn man sie mit dem Rücken ansieht.*

Niemand hat Göttingen bissiger verspottet als Heinrich Heine in seiner „Harzreise", kein Wunder nach seinen schlechten

Erfahrungen mit dieser Stadt und dem akademischen Betrieb. Wegen einer Duellforderung nach einer antisemitischen Beleidigung war er für ein Semester von der Universität geflogen. Vordergründig wegen eines Bordellbesuchs, in Wirklichkeit aber wohl, weil seit dem geheimen Dresdener Burschentag vom September 1820 Juden in den Verbindungen nicht mehr erwünscht waren, hatte man ihn aus seiner Burschenschaft Guestphalia ausgeschlossen. Nach seiner Promotion fand er keine Anstellung, weil durch eine Verfügung von 1822 Juden von akademischen Lehr- und Schulämtern ausgeschlossen waren.

Bei der französischen Chansonsängerin Barbara, einer Jüdin, die vor den Nazis fliehen und sich verstecken mußte, entwickelte sich das Verhältnis zur Stadt umgekehrt. Aufgrund ihrer Lebensgeschichte sagte sie 1964 einer Einladung zu einem Gastspiel in Göttingen nur widerwillig zu. Das Konzert drohte auch noch zu platzen, weil man keinen Flügel besorgt hatte. Studenten trieben einen auf, schleppten ihn ins Junge Theater, die Vorstellung begann mit zwei Stunden Verspätung und wurde ein Riesenerfolg. Barbara begann Göttingen in ihr Herz zu schließen und verlängerte ihr Engagement sogar um eine Woche. Am letzten Tag schrieb sie im Garten des Jungen Theaters das schönste Lied, das je über Göttingen gesungen wurde.

> *Bien sûr, ce n'est pas la Seine,*
> *Ce n'est pas le bois de Vincennes,*
> *Mais c'est bien joli tout de même,*
> *À Göttingen, à Göttingen ...*
> *O faites que jamais ne revienne*
> *Le temps du sang et de la haine*
> *Car il y a des gens que j'aime,*
> *À Göttingen, à Göttingen.*

Mit der Zeit des Blutvergießens und des Hasses, die nicht zurückkehren soll, meinte Barbara die Zeit des Nationalsozialismus und des 2. Weltkrieges, in Göttingen war man aber nicht erst im 20. Jahrhundert, sondern schon im Mittelalter recht kriegerisch eingestellt. Gegründet wurde die Stadt in der zweiten Hälfte des 12. Jahrhunderts auf Initiative Heinrich des Löwen und schon nach einem Jahrhundert hatte sich Göttingen so gut entwickelt, daß man begann, sich aus der Abhängigkeit der Herzöge von Braunschweig-Lüneburg zu lösen und gegen diese aufzubegehren. Die Göttinger zogen zur Pfalz Grone und zerstörten die Burganlage. Als Gegenmaßnahme ließ Herzog Albrecht der Feiste außerhalb der Stadtmauern etwa am heutigen Groner Tor eine Neustadt anlegen, die aber der Wirtschaftskraft Göttingens nicht gewachsen war. Noch nicht einmal dreißig Jahre später mußte sein Sohn Otto die Neustadt für 300 Mark an den Rat der Stadt verkaufen. Ein anderer Otto, Herzog Otto der Quade versuchte 1387, seinen Einfluß in Göttingen militärisch durchzusetzen, scheiterte aber komplett. Im April erstürmten die Göttinger die herzogliche Burg innerhalb der Stadtmauern (in der jetzigen Burgstraße) und besiegten im Juli die fürstliche Streitmacht in einer offenen Feldschlacht zwischen Rosdorf und Grone. Otto mußte die Freiheit der Göttinger Güter anerkennen und nach Hardegsen umziehen.

Seinen Namen, um die Frage doch noch zu beantworten, hat Göttingen vom Dorf Gutingi übernommen, das bei der Stadtgründung schon einige Jahrhunderte bestand. Gutingi, das waren ein paar Hütten rings um die Albanikirche und die heutige Lange Geismarstraße hinunter, entlang eines Baches, des späteren Reinsgrabens, der damals „Gote" genannt wurde, womit man kleinere Wasserläufe bezeichnete. Gutingi bedeutet nichts als „Siedlung am Wasserlauf". Das germanische „gote" aber wandelte sich sprachgeschichtlich zur deutschen „Gosse" und bezeichnet nur noch Abwasserrinnen längs der Straßen. In Göttingen steckt also rein gar nichts Göttliches, es bedeutet einfach „Siedlung an der Gosse" und das erklärt vielleicht, warum es so anziehend auf die braune Jauche und ihre Mahnwachen und Umzüge wirkt.

Dummheit und Intelligenz

Frau Hasenherz fragt:

„Was siegt in Wirklichkeit: Dummheit oder Intelligenz?"

WikipeteR antwortet:

Der Zellbiologe Gerald Crabtree von der Stanford University stellte nach der Auswertung aktueller Studien, die sich mit den genetischen Grundlagen der menschlichen Intelligenz befaßt haben, fest, daß die menschliche Intelligenz seit rund 120 bis 150 Generationen schrittweise abnehme. Der einzigartige Verstand des Menschen basiere auf vielen unterschiedlichen Erbanlagen, die stark zu genetischen Mutationen neigten, wobei schon einzelne Gen-Veränderungen die Intelligenzleistungen des Menschen deutlich schwächten.

In Urzeiten mußte man sein Gehirn tagtäglich effektiv nutzen, um zu überleben. Intelligente Jagdstrategien kleinerer Lebensgemeinschaften sicherten die Basis. Nur die Klügsten kamen durch. Die Entwicklung der Landwirtschaft gestattete den Menschen, seßhaft zu werden und in größeren Gruppen zusammenzuleben, die auch schwächere Individuen unterstützten. Wichtiger als die Intelligenz war nun laut Crabtree für den Einzelnen die Eigenschaft, sich vor Krankheiten zu schützen, die in größeren Gruppen häufiger auftreten. Schwächere Individuen konnten fortan besser von der Gemeinschaft mitgetragen werden und überlebten ebenfalls.

Das habe zu einer Abnahme der durchschnittlichen Intelligenz geführt. Für Jäger und Sammler, so Crabtree, waren Fehler schnell tödlich. Unsere Nicht-Vorfahren starben demnach meist, „weil sie eine Situation falsch einschätzten oder weil ihnen das intuitive Verständnis für bestimmte Sachverhalte abging – wie etwa die Aerodynamik eines Speers -, während sie ein gefährliches Tier jagten". Nur die Intelligentesten schafften es, sich fortzupflanzen; Mutationen, die die kognitiven Fähigkeiten beeinträchtigen, wurden nicht vererbt, sondern verschwanden mit ihrem erfolglosen Träger. Leiste sich dagegen heute ein Wall-Street-Banker ein falsches Urteil, so bekomme er einen dennoch dicken Bonus und sei ein attraktiver Partner.

Der Intelligenzforscher James Robert Flynn behauptet das genaue Gegenteil. Anhand von Testergebnissen aus 14 Industrienationen zeigte er auf, daß der gemessene Intelligenzquotient stetig zunehme, und zwar bis in die 1990er Jahre hinein zwischen um 5 bis 25 Punkte pro Generation. Dieses Phänomen wurde nach ihm Flynn-Effekt genannt. Flynn 2008 in einem Interview mit der ZEIT:

> *„Die Entwicklung muß mit der industriellen Revolution Ende des 19. Jahrhunderts begonnen haben. Damals wurden überall Maschinen angeschafft. Wer damit arbeitete, dem fiel es leichter, das Prinzip Ursache und Wirkung zu begreifen. So begann die wissenschaftliche Denkweise.“*

Der Flynn-Effekt sei auf die Verbesserung der Umweltbedingungen zurückzuführen, Bildung, Ernährung, Gesundheitsversorgung, Massenmedien, aber auch auf Bevölkerungsdurchmischung durch Urbanisierung und erhöhte Mobilität.

Aber gleichgültig, ob eher Crabtree oder eher Flynn richtig liegt, ob Intelligenz eher auf genotypische oder auf phänotypische Faktoren zurückzuführen ist, aktuell scheint nach beiden Ansätzen doch die Dummheit auf dem Vormarsch zu sein. Neuere Tests in Norwegen, Dänemark und Australien zeigen, daß der Flynn-Effekt wieder rückläufig ist. In Dänemark hatte der IQ Ende der 1990er Jahre seinen Höhepunkt erreicht und ist wieder auf das Niveau von 1991 gesunken. Das rapide Bevölkerungswachstum in den wenig entwickelten Weltregionen, das die Bildung einschränkt, und steigende mentale Inaktivität durch mediale Berieselung in den Wohlstandsregionen führe dazu, daß der durchschnittliche globale IQ von 91,5 im Jahre 1950 auf unter 80 noch in diesem Jahrhundert absinken werden.

Da ist es dann nicht mehr weit bis zu einem durchschnittlichen Intelligenzquotienten der Menschheit von unter 70. Die Unterschreitung dieser Grenze führte bis ins 20. Jahrhundert zur psychiatrischen Diagnose „Schwachsinn". In der Psychiatrie ist dieser diskriminierende Begriff inzwischen abgeschafft, im § 20 des Strafgesetzbuchs finden wir ihn trotzdem noch zur Kennzeichnung eines Zustands, in dem der Delinquent nicht mehr für seine Taten verantwortlich ist. Wir sausen also, wenn nichts unternommen wird, diese Entwicklung aufzuhalten, mit Riesenschritten auf eine Welt zu, in der die Menschheit nicht mehr für ihre Taten verantwortlich ist. Pegida, AfD und Figuren wie Johnson, Erdogan und Trump als tatsächlich gewählte Politiker sind nur ein Vorgeschmack.

Freitag, 23. September 2016

Köpfen oder klopfen?

Hannelore Peine aus Berlin fragt:

> *Was ist besser beim Frühstücksei: es brutal zu köpfen oder*
> *weich zu klopfen bis die Schalen den Teller bedecken?*

WikipeteR antwortet:

So banal diese Frage auch klingt, führt sie uns doch in gewaltige Tiefen. Religion, Philosophie und Politik werden von ihr berührt, Ehekrach, Scheidung, Mord und Totschlag hatte und hat bis heute der Streit um die richtige Antwort zur Folge. Der englische Wundarzt und Kapitän Lemuel Gulliver berichtete der Weltöffentlichkeit im April 1727 sogar von einem lang andauernden Krieg zwischen den Reichen Liliput und Blefuscu um das allein seligmachende Ende, von dem die Frühstückseier aufzuschlagen seien, vom stumpfen oder vom spitzen her.

Reldresal, Erster Minister für Privatangelegenheiten Liliputs, über die religiöse Dimension dieses Konflikts:

> *„Während dieser Unruhen machten uns die Kaiser von Blefuscu*
> *durch ihre Gesandten häufig Vorhaltungen, indem sie uns be-*
> *schuldigten, eine Spaltung in der Religion zu bewirken, da wir*
> *gegen eine Grundlehre unseres größten Propheten Lustrogg im*
> *fünfundvierzigsten Kapitel des Blundecral (das ist ihr Koran)*

29

Für die Dogmatiker, Fundamentalisten und Revolutionäre dieser Welt ist dieser Erste Minister Reldresal ein Weichei, das die Widersprüche nur verkleistert, statt sich an ihnen abzuarbeiten und zur Wahrheit vorzudringen. Für diese Ideologen gilt nach wie vor die Lehre des Vorsitzenden Mao Tse Tung vom Kampf zweier Linien, von denen stets nur eine die richtige sein kann, die dem Ziel der Geschichte entspricht und sich infolgedessen auch den Sieg über die falsche erringen wird. Diese gelte es zu erkennen und durchzusetzen.

Die Peking Rundschau schreibt im November 1968:

> *„Der Kampf zweier Linien in der Partei spiegelt den Klassenkampf in der Gesellschaft wider. Die Geschichte unserer Partei ist die Geschichte des Kampfes zweier Linien. Die vom Vorsitzenden Mao repräsentierte richtige proletarisch-revolutionäre Linie hat sich im Verlauf des Kampfes gegen alle Arten von falschen bürgerlich-reaktionären Linien entwickelt."*

Der Politische Bericht des ZK des KBW an die 1. ordentliche Delegiertenkonferenz 1974 mochte diesen Kampf nicht allein als theoretisches „Festtagsvergnügen" ausfechten, sondern ihn bis in die alltäglichste Praxis hinein führen:

> *„Der Kampf zweier Linien ist aber nichts, was neben der Praxis herläuft, sondern ist die Auseinandersetzung über richtig und falsch in praktischen Entscheidungen, denn darin drückt sich aus, ob die proletarische Linie oder ob die bürgerliche Linie der Praxis zugrundegelegt wird ..."*

In diesem Sinne konnte man die kleinsten Entscheidungen des täglichen Lebens bis ins Private hinein als Ausdruck des Kampfes zweier Linien betrachten. Was kaufte man wo ein? Welche Kneipen besuchte man? Mit wem ging man ins Bett? Konnte man das noch als proletarisch ansehen oder war das schon als bürgerlich abzulehnen? In der Art und Weise, wie das Frühstücksei aufgeschlagen wird, kann man aber nicht nur ablesen, ob jemand als rechts oder links einzuordnen ist, sondern es offenbart, jedenfalls für geschulte Psychologen, auch noch den gesamten Charakter.

Der rücksichtslose, kriegerische, revolutionäre Typus, Napoleon, Lenin, Che Guevara, der auch vor Gewalt nicht zurückschreckt, um seine Interessen durchzusetzen, köpft sein Frühstücksei rücksichtslos, und wenn es sein muß, darüber hinaus noch seine Feinde. Der weiche, friedliche, rücksichtsvolle Charakter, Nero, Marie Antoinette, Helene Fischer, klopft die Schale vorsichtig, ja, fast zärtlich, bis sie fast von allein zerspringt, und läßt sich zur Not lieber selbst köpfen.

Wir leben in einer offenen Gesellschaft. Vorschriften, wie denn das Frühstücksei zu öffnen sei, gibt es nicht. Zum Ziel führen beide Methoden. Wem es nichts ausmacht, sein Innerstes vor seiner Umwelt offenzulegen, der handle seinem Charakter entsprechend, der kriegerische Charakter köpfe, der friedliebende klopfe sein Ei, wer aber Gründe hat, sein Seelenleben zu verbergen, der handle pfeilgrad umgekehrt. Und wer vor gar nichts zurückschreckt, der macht es wie mein Vater, dessen Vater aktiv am Mansfelder Aufstand teilgenommen hatte, und köpft jeden Freitagabend vor der Chorprobe ein rohes Ei, kein gekochtes, und trinkt es auf einen Zug aus.

In diesem Sinne wünsche ich ein schönes Wochenende.

Gewissen

Irmi aus Stuttgart fragt:

> *„Was ist überhaupt ,das Gewissen' und warum scheint es,*
> *als hätten viele Leute überhaupt keins?"*

WikipeteR antwortet:

Vorweg: Die Kolumne ist letzte Woche ausgefallen. Ein schlechtes Gewissen habe ich aber deswegen nicht. Schließlich belästigten mich Matschbirne, Husten, Schnupfen und allerlei Gliederschmerzen und ich konnte mich beim besten Willen nicht auf eine Tätigkeit wie das Schreiben konzentrieren. Ja, ich habe mich sogar dabei ertappt, im Privatfernseh' Gefallen an billigen Kriminalserien, sowie Radrenn-, Snooker- und Dartsübertragungen zu finden.

Wer dagegen ein schlechtes Gewissen hätte (Konjunktiv zwo Irrealis!) haben müssen, das war die frühere Bildungsministerin Annette Schavan, die 1980 eine Dissertation „Person und Gewissen" mit der Antwort auf Irmis Frage zwar abgeliefert, aber leider zum großen Teil (auf 94 von 325 Seiten) zusammenplagiiert hat.

„Studien zu Voraussetzungen, Notwendigkeit und Erfordernissen heutiger Gewissensbildung" – allein der Untertitel läßt Böses ahnen. „Voraussetzungen": Denen könnte man sich mit psychologischen Langzeitstudien immerhin noch nähern. „Notwendigkeit und Erfordernisse": Das ist von vornherein dermaßen ideologisch aufgeladen, da ist nun gar kein wissenschaftlicher Ertrag möglich, da kann jemand, der sich an diese Fragestellung heranwagt, nur alles zusammenschwurbeln, was schon einmal zu dieser fromm-konservativen Richtung passend und dem Doktorvater genehm geschrieben wurde und verschleiern, daß man gar keinen eigenen Gedanken beitragen konnte.

Annette Schavan ist Katholikin und hat unter anderem katholische Theologie studiert. Das verwundert mich am meisten an dieser Angelegenheit. Denn das Gewissen ist ein protestantisch Ding und der Gewissensbegriff in seiner heutigen engen Bedeutung kam erst mit der und durch die Reformation auf. Die Kirche des Mittelalters kannte und brauchte kein Gewissen. Über Gut oder Böse, Tugend oder Sünde, Himmel oder Hölle entschied die Kirchenlehre, wie sie vom Klerus mit dem Papst an der Spitze gerade ausgelegt wurde. Niemand kam auf die Idee, eine innere Instanz darüber entscheiden zu lassen.

Nach dem Deutschen Wörterbuch von Jacob und Wilhelm Grimm war Gewissen ursprünglich eine verstärkte Form des substantivierten Infinitivs Wissen, und, man höre und staune, ein Femininum, also „die Gewissen" – vor allem in der Rechtssprache sehr verbreitet. Im Gewissen sei „die umfassende grundbedeutung des wissens, der kenntnis von einer sache zur entfaltung gekommen", so die Definition des ursprünglichen Femininums im grimmschen Wörterbuch.

Mit der Wandlung vom Femininum zum Neutrum ging dann eine immer weitere Verengung des Begriffs einher:

> „die wahrnehmung wird in ihrem ergebnis gefaszt. an dieser nächsten und allgemeinsten bedeutung vollzieht sich nunmehr die verengerung. aus dem beobachtungsmaterial werden einseitig menschliche handlungen herausgehoben und unter diesen wiederum die handlungen fremder subjecte ausgeschieden. mit dieser beschränkung auf die handlungen des erkennenden subjects geht die blosze wahrnehmung in beurtheilung über. zwei merkmale sind es also, die den ethischen begriff des fem. von der grundbedeutung abgrenzen, die reflexive einschränkung und das urtheil an stelle der wahrnehmung." (Grimm)

Dem Einfluß Luthers ist es zuzuschreiben, daß das Femininum vollends zurückwich und sich der Gewissensbegriff auf einen religiösen Kern, auf die Stimme Gottes im Menschen, verengte. „... also wil hie Habacuc auch bitten fur die frumen, die sampt den gottlosen gen Babylon gefurt worden ... die selbigen waren unschuldig, das ist, sie hatten kein gewissen und waren keins bösen stücks ihn bewust, aber musten gleichwol mit. nenne es nu unschuld odder unwissenheit odder frei gewissen." (Luther)

Die Philosophen der Aufklärung erweiterten den Begriff wieder und erklärten das Gewissen zu einer Instanz, die Entscheidungen unter Gesichtspunkten der Moral und Ethik trifft. „Man könnte das Gewissen auch so definiren: es ist die sich selbst richtende moralische Urtheilskraft." (Kant)

Gleichgültig, ob man das Gewissen im Sinne Luthers, Kants oder auch Luhmanns (Kontrollinstanz, mit der es gelingt, eine konstante Persönlichkeit zu sein und zu bleiben) versteht, bequemer ist es, keines zu haben und die Beurteilung der eigenen Handlungen anderen zu überlassen: dem Pfaffen, dem's nach meiner Seele juckt, dem Nachbarn hinterm Sichtschutzzaun, den Schützenbrüdern und Stammtischstrategen, Dieter Bohlen und Dieter Nuhr, Ernie und Bert, den Freunden auf Facebook und den Followern auf Twitter, „Wir sind das Volk!" zu grölen und den Volkswillen von Lutz Bachmann, Frauke Petry und Alexander Gauland zur Richtschnur zu machen. Dann ist man der Mühe des selbständigen Denkens und Nachdenkens enthoben, hat allerdings auch die Kontrolle über sein Leben verloren. Dafür winkt eine Karriere als Marionette, „Lügenpresse!"-Krakeeler und Flüchtlingsheim-Anzünder, später als Kanonenfutter oder KZ-Aufseher.

Allen Leserinnen jeglichen Geschlechts ein schönes Wochenende ohne schlechtes Gewissen!

Verstand

fflepp fragt:

„Sollte man sich, wie Kant meint, seines eigenen Verstandes bedienen? Oder reicht in vielen Fällen auch schon das Internet?"

WikipeteR antwortet:

Zur Zeit des Kaisers Augustus, lang, lang ist's her, ja, ja, schrieb der Dichter Horaz einen Brief an einen Maximus Lollius. Darin malt er das Schicksal aus, das dem Odysseus geblüht hätte, wäre der sich nicht selbst treu geblieben und hätte wie seine Gefährten den Verlockungen Circes und der Sirenen nachgegeben.

„Was wär' die Folge? Nun sein Leben lang
verdammt zu sein, in einer Domina
ehrlosem Dienst zu kriechen, ohne Herz,
ein geiler Hund, ein unflatliebend Schwein!"

Homer halte, so Horaz weiter, der damaligen römischen Gesellschaft den Spiegel vor, in den Freiern der Penelope, die den Tag mit Feiern und Nichtstun vergeuden, müsse man sich selbst erkennen.

„Was sind wir, als ein Haufen ohne Namen,
bloß zum Verzehren gut, Penelopeens
Sponsierer, Taugenichtse, Hofgesindel des
Alkinoos, die nichts zu sorgen haben,
als sich ein glattes Fell zu ziehen, nicht erröten,
bis in den hellen Tag hinein zu schlafen,
und, wie ein ernsterer Gedank' sich blicken läßt,
ihn flugs beim Klang der Zithern wegzutanzen."

Horaz verdammt, was bis heute als Lebensart gefeiert wird, als Wein, Weib und Gesang (Johann Heinrich Voss, auch als Ideal in der zweiten Strophe des Deutschlandliedes: „Deutsche Frauen, deutsche Treue / Deutscher Wein und deutscher Sang") bzw. zeitgemäßer als Sex & Drugs & Rock'n'Roll (Ian Dury). So verliere man die Kontrolle über sein Leben und vergeude es nutzlos, man solle es lieber in die eigene Hand nehmen und selbst gestalten.

„Warum denn, wenn ein Krebs an deiner Seele nagt,
die Heilung stets aufs nächste Jahr verschieben?
Was säumst du? Wag' es auf der Stelle weise
zu sein!"

„Wage es, weise zu sein." Das berühmte Zitat, „sapere aude" im lateinischen Original, wobei „sapere" „schmecken", „riechen", „merken", im übertragenen Sinn „verstehen" oder „Weisheit erlangen" bedeutet. Erkenntnis beginnt halt mit unseren sinnlichen Erfahrungen, wie schon Christian Thomasius 1699 treffend feststellte:

„Der Verstand des Menschen bestehet vornehmlich aus zweier-
ley Kräfften, denen der Sinnlichkeiten und der Vernunfft; durch
jene begreifen wir die einzelnen Dinge, durch diese betrachten
wir derselben Übereinstimmung und unterscheid mit oder von
andern Dingen und was sie also mit andern gemeinsam haben. "

Sapere aude! Wieland übersetzt „Wage es weise zu sein", Rudolf Helm „Entschließ dich zur Einsicht", Kant, und damit sind wir endlich bei der gestellten Frage, interpretiert das Zitat im Sinne seiner Philosophie „Habe Mut, dich deines eigenen Verstandes zu bedienen!" und erklärt es zum Wahlspruch der Aufklärung.

„Aufklärung ist der Ausgang des Menschen aus seiner selbst-
verschuldeten Unmündigkeit. Unmündigkeit ist das Unvermö-
gen, sich seines Verstandes ohne Leitung eines anderen zu be-
dienen. Selbstverschuldet ist diese Unmündigkeit, wenn die Ur-
sache derselben nicht am Mangel des Verstandes, sondern der
Entschließung und des Muthes liegt, sich seiner ohne Leitung
eines anderen zu bedienen. Sapere aude! Habe Muth, dich dei-
nes eigenen Verstandes zu bedienen! ist also der Wahlspruch
der Aufklärung. "

Faulheit und Feigheit sind für Kant die Ursache, warum sich die meisten Menschen nicht aus dieser Unmündigkeit befreien können:

„Es ist so bequem, unmündig zu sein. Habe ich ein Buch, das
für mich Verstand hat, einen Seelsorger, der für mich Gewissen
hat, einen Arzt der für mich die Diät beurtheilt, u. s. w. so
brauche ich mich ja nicht selbst zu bemühen. Ich habe nicht

Das Internet, um endlich auf den zweiten Teil der Frage zu beantworten, kommt dieser Bequemlichkeit entgegen wie nichts anderes vorher auf dieser Welt, das Internet eröffnet jede Möglichkeit, das selbständige Denken vollständig einzustellen und die eigene Unmündigkeit ins Quadrat, ach, was sag ich, ins Kubik zu vergrößern. Das Internet hat Google, das Internet hat Wikipedia (und neuerdings sogar WikipeteR), das Internet serviert auf die Frage nach dem Verstand innerhalb einer halben Sekunde 19.700.000 Ergebnisse auf dem Silbertablett; und wem auch diese Suchen noch zu mühsam sind, für den gibt es Foren wie das gutefrage.net, in denen Menschen, die von einer Sache noch weniger verstehen als man selbst, die eigenen Fragen dazu zur vollsten Zufriedenheit beantworten. Das Internet hat auch Plattformen wie Facebook und Twitter, auf denen man sich miteinander verbinden und zahlenmäßig riesige Freundeskreise aufbauen, aber trotzdem unter sich bleiben und bis in alle Ewigkeit gegenseitig die eigenen Vorurteile bestätigen kann.

Das Internet kann viel, aber eines kann es nicht: zum Gebrauch des eigenen Verstandes anregen. Weil es so traumhaft bequem zu benutzen ist, entmündigt es. Das Internet ist ein ins Gigantische vergrößerter Palast des Odysseus und wir sind die Freier, die darin herumlungern und unsere Tage vergeuden. Das Internet ist das Grab der Aufklärung. Wollen wir uns aus unserer selbstverschuldeten Unmündigkeit befreien wollen, müssen wir so oft es geht aus ihm heraustreten, das Leben außerhalb mit unseren Sinnen – nicht durch Medien gefiltert – wahrnehmen und die Mühe des selbständigen Denkens auf uns nehmen.

Morgen fange ich damit an. Versprochen. Aber heute gehen Twitter und Facebook noch einmal vor. In diesem Sinne: ein schönes Wochenende!

Murphys Gesetz und das Toastbrot
Magdalena Orth aus Wanne-Eickel fragt per Mail:

> *„Nur so, weil es mir gerade einfällt als Frage, aber ich stell*
> *die nicht offiziell: warum fällt ein Brot immer auf die be-*
> *schmierte Seite, so dass es am Fußboden pappt?"*

WikipeteR antwortet:

Das Phänomen ist bekannt und als Sprichwort überliefert, seit es gegen Ende des 17. Jahrhunderts in England üblich wurde, Toastbrot mit Butter zu bestreichen und warm zum Frühstück zu essen. Eine der ersten schriftlichen Quellen ist dieses Gedicht James Payns aus dem Jahr 1884:

> *I never had a slice of bread,*
> *Particularly large and wide,*
> *That did not fall upon the floor,*
> *And always on the buttered side!*

Der Toastbrotfall gehört zu einer Reihe frustrierender Erfahrungen der Menschheit, die als Murphys Gesetz zusammengefaßt und bekannt wurden. Man bekleckert sich just in dem Moment, bevor man im blütenweißen Hemd auftreten muß. Das öffentliche Telephon, das man nach langem Suchen gefunden hat, ist defekt. Die Schlange an der Supermarktkasse, in der man steht, wird die langsamste sein. Das, was man sucht, findet man immer an dem Platz, an dem man zuletzt nachschaut. Wenn man ohne Regenschirm ausgeht, wird es anfangen zu regnen. Und: Ein Toast, der vom Tisch fällt, landet immer auf der Butterseite.

Murphys Gesetz wurde 1949 auf einer Pressekonferenz vom Ingenieur Captain Edward A. Murphy formuliert, nachdem ein kostspieliges Experiment in einem Raketenschlittenprogramm der US Air Force fehlgeschlagen war, und lautet:

> *„Anything that can go wrong will go wrong."*
> *(Alles, was schiefgehen kann, wird auch schiefgehen.)*

1991 wurde Murphys Gesetz (zumindest für den Toastbrotfall) in der BBC-Fernsehshow Q.E.D. beinahe experimentell widerlegt.

Die Fernsehleute warfen damals 300 Scheiben Toast unter verschiedenen Bedingungen in die Luft und sie fielen gleich oft auf die mit Butter beschmierte wie auf die nackte Seite.

Der englische Journalist Robert Matthews erhob gegen dieses Experiment den Einwand, es sei realitätsfern, weil normalerweisen gebutterte Toastscheiben beim Frühstück nicht hochgeschleudert, sondern versehentlich über die Tischkante geschoben werden. In seinem Aufsatz „Murphy's Law and the Fundamental Constants", 1995 im European Journal of Physics veröffentlicht, untersuchte er die physikalischen Gesetzmäßigkeiten, denen der Toastbrotfall unterliegt, und bewies, daß der Toast bevorzugt auf die Butterseite fällt und das nicht nur auf Erden gilt, sondern auf jedem Planeten, dessen Bewohner an Tischen sitzen und toastgroße, scheibenförmige Quader verzehren. Für diese Untersuchung bekam er 1996 den Ig-Nobelpreis für Physik.

Vom Standpunkt des theoretischen Physikers aus ist der wesentliche Unterschied zwischen der gebutterten und der ungebutterten Seite eines Toastes nicht die Butter. Bei einer typischen Toastscheibe macht sie höchstens zehn Prozent des Gesamtgewichts aus. Der größte Teil der Butter wird zudem in der Mitte der Scheibe, also nahe dem Schwerpunkt, absorbiert und beeinflußt deshalb das Trägheitsmoment und die Dynamik des fliegenden Objekts nur minimal. Die einzige wesentliche Asymmetrie besteht darin, daß die Butterseite oben ist, solange der Toast auf dem Tisch liegt – und auch noch, wenn er über die Kante geschoben wird.

Während des Falls rotiert die Toastscheibe mit einer Winkelgeschwindigkeit, die davon abhängt, wie weit ihr Schwerpunkt im Moment des Absturzes über die Tischkante hinausragte. Wirken vielleicht die Höhe eines normalen Tisches und die Schwerkraft so zusammen, daß Drehungen um ungerade Vielfache von 180 Grad, die den Toast auf der Butterseite landen lassen, bevorzugt auftreten? Nach Matthews' Berechnungen ist eben dies der Fall; und zwar kommt die einfache Drehung um ungefähr 180 Grad im statistischen Mittel mit Abstand am häufigsten vor. Der Toast kippt vom

Tisch, wenn sein Schwerpunkt nicht mehr unterstützt ist. Er beginnt zu rotieren, und zwar umso schneller, je größer der Hebelarm ist, an dem das Gewicht angreift; das ist die Entfernung zwischen Schwerpunkt und Tischkante (Rotationsachse).

Nur wenn der Toast schnell genug rotiert, schafft er eine volle Umdrehung, bevor er auf dem Teppich landet. Genaugenommen genügt reichlich eine Dreivierteldrehung, damit er sich auf die fettfreie Seite legt, nachdem er mit einer Kante aufgeschlagen ist. Aber selbst das gelingt für übliche Größenordnungen (75 Zentimeter Tischhöhe, zehn Zentimeter Toastbreite) nur dann, wenn ein kritischer Überhangparameter – nämlich das Verhältnis von Hebelarm zu halber Toastbreite – wenigstens sechs Prozent beträgt. Indirekte Messungen (der Überhang ist eine Funktion des Reibungskoeffizienten) ergaben Werte um 2 Prozent für Brot- und 1,5 Prozent für Toastscheiben; sie sind entschieden zu klein für den vollständigen Salto. Man kann zwar den Toast so schwungvoll vom Tische schleudern, daß er wie ein Geschoß in unveränderter Orientierung auf dem Teppich landet. Aber dazu ist eine horizontale Abwurfgeschwindigkeit von mindestens 1,60 Metern pro Sekunde erforderlich. Wenn also ein Toast unaufhaltsam vom Tisch zu fallen droht, ist es zweckmäßig, ihm noch einen kräftigen Stoß zu versetzen. Das rettet wahrscheinlich nicht den Toast – aber den Teppich. Ist hingegen ein schräg gehaltener Teller die Abwurframpe (die erforderliche Mindestneigung beträgt ungefähr 14 Grad), empfiehlt es sich, diesen ruckartig zurückzuziehen, um die Teller-Toast-Kontaktzeit zu minimieren.

Wollte man die nachteiligen Folgen von Murphys Gesetz vermeiden, müßte man mindestens drei Meter hohe Tische oder – dynamisch äquivalent – Toastscheiben mit höchstens 2,5 Zentimetern Kantenlänge verwenden. Beides nannte Matthews „unbefriedigend".

Da ihre Rotation zwar von der Tischhöhe, nicht aber von der Schwerkraft des Planeten abhängt, auf dem der Tisch steht, gilt das Fallgesetz für Toastscheiben universell. Da Zweibeiner im

Gegensatz zu Vierbeinern ziemlich instabil sind, sehr leicht umkippen, sich dabei aufgrund langer Fallwege den Schädel brechen können und das Überleben ihrer Art gefährden, wird die Größe zweibeiniger Organismen durch das Gravitationsfeld begrenzt, in dem sie leben. Berechnungen, bei denen das Bohrsche Atommodell und Konstanten wie die Lichtgeschwindigkeit, das Planck'sche Wirkungsquantum und die Masse des Protons eine Rolle spielen, ergeben, daß die maximale sichere Körpergröße von Zweibeinern ungefähr drei Meter beträgt, auch wieder unabhängig vom Planeten, auf dem die Zweibeiner leben. Auch das größte zweibeinige Wesen irgendwo in diesem Universum wäre noch viel zu klein, um irgendwo in diesem Universum an einem ihm passenden Tisch, etwa halb so hoch wie das Lebewesen, zu sitzen, der Toastscheiben auf die ungebutterte Seite fallen läßt.

Murphys Gesetz – zumindest in Bezug auf Toast und Tische – gilt demnach in jedem Universum, das auf konventionelle Art gebaut ist und intelligente zweibeinige Wesen mit Köpfen enthält.

Matthews schloß seinen nobelpreisgekrönten Artikel mit den Worten:

> *„Nach Einstein ist Gott raffiniert, aber nicht bösartig. Das kann ja sein. Aber sein Einfluß auf fallende Toastscheiben läßt doch einiges zu wünschen übrig.“*

Dem habe ich nichts hinzuzufügen und wünsche ein schönes Wochenende ohne herabstürzende Toastbrotscheiben, die den neuen Eßzimmerteppich versauen.

Datenmüll

C. Blueeye fragt:

*„Können Vorratsdaten eigentlich auch alt und schlecht wer-
den? Und waren sie bei Konservierung dann gut?"*

WikipeteR antwortet:

Aber selbstverständlich, sehr geehrte Frau Blueeye, können auch
Vorratsdaten alt, schlecht und schließlich ungenießbar werden. Wie
lange sie frisch und benutzbar bleiben, hängt von der Art der Haltung ab: Käfig, Boden oder Freiland. Leider ist die Haltung von
Daten in ihrer natürlichen Umgebung, nämlich im menschlichen
Kopf, wo sie ja auch allesamt ihren Ursprung haben, die bei weitem
unsicherste. Stirbt der Mensch, der als Datenträger gedient hat, sind
sie unrettbar verloren, aber auch bis zu diesem Zeitpunkt drohen
ständig Verluste durch Vergeßlichkeit, Erinnerungslücken und
Komplettverfälschung durch nachgelagerte Erlebnisse und Erfahrungen.

Trotzdem wurde diese Methode der Datenarchivierung in der Geschichte immer wieder genutzt, zum Beispiel für Grenzbegehungen
in Zeiten, als es noch keine Katasterämter gab. Zu den Umgängen
alle paar Jahrzehnte wurden ältere Bürger mitgenommen, die die
Lage der Grenzsteine genau kannten. Bei jedem Stein wurde dann
ein Junge so schwer verprügelt, daß er die Prügel und den Ort, an
dem er sie bezog, nie mehr vergessen sollte. So wurde das Wissen
um die Grenzmarkierungen von Generation zu Generation weiter-
gegeben.

Das Trägermaterial, auf dem sich Daten am längsten halten, sind
Keramiktafeln. Auf die ältesten, die wir kennen, sind vor mehr als
5000 Jahren Abrechnungen, Materialzuteilungen, Berechnungen
von Grundstücksgrößen, Quittungen und auch Bierrezepte in Keil-
schrift eingeritzt. Für 20 Fässer „rotbraunes Bier", können wir auf
einer Tafel aus der Berliner Sammlung lesen, brauche man 300 Liter
Spelz, eine frühe Getreidesorte, 300 Liter Bierbrote, eine Art Würz-
brot, das mit vergoren wurde, und 450 Liter Malz. Auch die ältesten

und härtesten Verbraucherschutzgesetze (auf Panscherei und auf-
rührerische Reden in der Kneipe stand zum Beispiel das Ersäufen
im Bierfaß) der Welt, die Biergesetze König Hammurabis, wurden
auf Tafeln geritzt und sind bis heute in Paris zu bestaunen.

Papier als Datenträger ist viel leichter zu beschriften und zu trans-
portieren als Tontafeln, es ist aber leider leicht entflammbar (Bibli-
othek von Alexandria, Ray Bradburys Fahrenheit 451) und bei weitem nicht so lange haltbar. Bücher und Handschriften aus säure-
freiem Papier und mit säurefreier und nicht eisenhaltiger Tinte halten zwar mehrere hundert Jahre, aber deren Zeiten sind vorbei, seit
Friedrich Gottlob Keller Anfang Dezember 1843 das Verfahren zur
Herstellung von Papier aus Holzschliff erfand. Die Restanteile verschiedener saurer Substanzen in den modernen Papieren, die aus
dem chemischen Aufschlußprozeß der Cellulose stammen, sorgen
dafür, daß Bücher und Handschriften aus diesem Material nur noch
siebzig bis hundert Jahre halten. Der Einsatz von Hanf bei der Pa-
pierherstellung – noch 1916 wurden in einer Studie des US-Land-
wirtschaftsministeriums die Vorzüge gepriesen und ein Ende der
Abholzungen vorhergesagt – hätte etwas daran ändern können,
aber die weltweite Kampagne zur Ächtung von Cannabis als „Mör-
derkraut" und „Killerdroge", mit dem „Neger, Mexikaner, Puerto-
Ricaner und Jazzmusiker" das Land vergiften wollten, um anschließend weiße Frauen zu vergewaltigen, brachte diesen Rohstoff völlig
außer Gebrauch.

Filme auf Zelluloid halten mehr als 100 Jahre, sind aber so leicht
entflammbar, daß sie nur kurze Zeit von der Filmindustrie verwendet wurden, Filme auf Cellulosetriacetat brennen zwar nicht so
leicht, halten dafür aber nur 44 Jahre, Mikrofilme auf PET, wie sie
zur Zeitschriftenarchivierung benutzt werden, sollen bei 21 °C und
50 % relativer Luftfeuchte bis zu 500 Jahre halten.

Man sieht, die analogen Medien der Neuzeit sind den antiken, jedenfalls, was die Haltbarkeit betrifft, weit unterlegen. Mit den digitalen Datenträgern ist es in dieser Hinsicht auch nicht weit her. CDs
halten 10 bis 80 Jahre, DVDs sollen schon mal die 100

überschreiten, die guten alten Disketten zehn bis dreißig Jahre, Festplattenwerke halten eingeschaltet im Mittel fünf Jahre, ausgeschaltet und vernünftig gelagert sollen bis zu dreißig Jahre möglich sein, USB-Sticks auch nur zehn bis höchstens dreißig Jahre. Bei den digitalen Medien kommt im Gegensatz zu den analogen erschwerend hinzu, daß man immer auch die passenden Anwendungen braucht, um die Daten wieder auszulesen. Käme die GlassMaster-Disc auch nach einer Million Jahren völlig unversehrt auf Ursa Minor Beta an, könnten die Leute nichts damit anfangen, weil ihnen sowohl die Hardware als auch die Software zum Auslesen fehlte.

Und wenn sie auf Ursa Minor Beta, übrigens die Heimatwelt des beliebten Reiseführers Per Anhalter durch die Galaxis, diese Disc tausendmal auslesen und zudem die fremden Zeichensysteme decodieren in ihre eigenen übertragen könnten, was könnten sie mit den Informationen anfangen? Allerhöchstens würden sie kurz glucksend lachen und den Eintrag im Reiseführer von „harmless" auf „mostly harmless" ändern.

Zu mehr taugen auch die Daten aus den Milliarden Überwachungsmaßnahmen auf diesem Planeten hier nicht. Am Ende werden die Sammler an ihrem Datenmüll ersticken, weil sie, je mehr sie sammeln und je vollständiger die Sammlung wird, desto weniger damit anfangen können. Die DDR ist an dem Wust von Informationen erstickt, die von der Stasi zusammengetragen worden sind und die nichts dazu beitragen konnten, diesen Staat am Leben zu erhalten. BND, NSA und dem Rest der Geheimdienste wird es genauso ergehen. Wenn ihre geliebten Daten über ihnen zusammenschwappen, werden sie hilflos darin herumzappeln und nie mehr herausfinden. Mit viel Glück kann ein Teil dieser Daten künftigen Historikern noch als Quellenmaterial für alltagsgeschichtliche Forschungen dienen. Aber auch das hieße, die Stecknadel im Heuhaufen zu finden.

Das Schweigen im Walde
Frank Lepold aus Offenbach fragt:

> *„Wenn der Beredte schweigt, weils ihm die Sprache ver-*
> *schlägt ... Taugt er dann später zum Zeugen?"*

WikipeteR antwortet:

> *„Therefore if any man can shew any just cause, why they man*
> *not lawfully be joined together, let him now speak, or else here-*
> *after for ever hold his peace."*

> *„Wenn nun Jemand rechte Ursach anzeigen kann, warum sie*
> *nicht mit einander verbunden werden sollten, so spreche er jetzt*
> *oder schweige nochmals für immer."*
> (Quelle: The BOOK of Common Prayer, And Administration of
> the SACRAMENTS, AND OTHER RITES and CEREMO-
> NIES OF THE CHURCH, According to the Use of The
> CHURCH of ENGLAND: TOGETHER WITH THE PSAL-
> TER OR PSALMS of DAVID, Pointed as they are to be sung or
> said in Churches, Cambridge 1662)

Diese Sätze aus der Trauungszeremonie der Anglikanischen Kirche sind der Welt aus gefühlt hunderttausend Hollywoodschinken bekannt. Zumindest in diesem Fall ist, wer nicht rechtzeitig seinen Mund aufbekommt, dazu verdammt, ihn immer und ewig zu halten. In den wenigsten Fällen wird Schweigen als unangenehm empfunden oder dargestellt: in Ingmar Bergmans „Das Schweigen", wenn Gott schweigt und der Mensch in sündige Kälte verfällt, in „Das Schweigen der Lämmer", wenn das Blöken der Opfer vor der Schlachtung unheilvoll verstummt, in zahllosen Krimis macht Schweigen die Verdächtigen nur umso verdächtiger.

> *„Schweigst du*
> *aus dem Gefühl der Unschuld oder Schuld?"*
> (Schiller: Die Jungfrau von Orleans)

Von solchen Ausnahmen abgesehen, wird Schweigen meist als erstrebenswerte Tugend dargestellt, insbesondere für die breite Masse der Untertanen und Regierten. „In mannigfachen wendungen empfiehlt die volksweisheit das zähmen der zunge", heißt es dazu im

Deutschen Wörterbuch von Jacob und Wilhelm Grimm im Artikel
„SCHWEIGEN“.

> *„Si tacuisses, philosophus mansisses.“*
> *„Reden ist Silber, Schweigen ist Gold.“*
> *„swer niht wol gereden kan,*
> *der swîge und sî ein weiser man.“*
> *(Magister Vridancus ca. 1230)*
> *„schweigen ist ain grosse tugent,*
> *baid an alter und an iugent ...*
> *schweigen schadet chainem man,*
> *vil claffen wol geschaden kan.“*
> (Clara Hätzlerin ca. 1470)
> *„es ist keyn kleyd das einer frawen basz anstehet, dann schwei-*
> *gen.“*
> (Sebastian Franck 1541).

Besonders Luther – warum wundert mich das jetzt nicht? – hat sich
darin hervorgetan, denjenigen, die gegen die Obrigkeit aufbegehrt
haben, „solchen unnützen Leuten das Maul zu stopfen“, „wie man
die heiszt schweigen, die da reden und rumorn mit Worten“ und
„auff das aber gott schweige, dempffe und mit gewalt zu boden
schlage, diese schedliche unnd wütende bestien“ (1568).
Martin Niemöller (1892 – 1984), „Bekennende Kirche“, ein Luther-
aner wie er im Buche steht, hat es gegenüber der weltlichen Obrigkeit stets so gehalten wie von Luther in seinen Predigten und Tisch-
reden gefordert. 1937 war es dann zu spät und er saß selbst im KZ
Sachsenhausen.

> *„Als die Nazis die Kommunisten holten, habe ich geschwiegen;*
> *ich war ja kein Kommunist. Als sie die Sozialdemokraten ein-*
> *sperrten, habe ich geschwiegen; ich war ja kein Sozialdemokrat.*
> *Als sie die Gewerkschafter holten, habe ich geschwiegen, ich war*
> *ja kein Gewerkschafter. Als sie mich holten, gab es keinen*
> *mehr, der protestieren konnte.“*

Pastor Niemöller hat zuerst, obwohl äußerst beredt, gegenüber dem
Nationalsozialismus geschwiegen, und hat hinterher trotzdem noch
zum Zeugen getaugt. Leider nur noch zum Zeitzeugen, denn der

Spuk war schon drei Jahrzehnte vorbei, als er seine berühmte Erkenntnis in einem Interview formulierte und besaß nur noch Entschuldigungswert. Wir sollten vielleicht nicht solange abwarten und unser Maul ein wenig früher aufmachen, wenn es noch nicht so viel kostet.

In manchen Gegenden Süddeutschlands, das hat mich das grimmsche Wörterbuch heute gelehrt, heißen die Almwiesen, auf die man im Sommer das Vieh treibt auch Schweigen – vielleicht, weil es dort so ruhig ist? – und „schweigen" hat die Bedeutung „Käse machen". Dort gilt das Sprichwort in einer leicht abgewandelten Form:

Reden ist Silber, Schweigen ist Käse.

Das sollten wir uns alle zu Herzen nehmen und das Maul lieber einmal zuviel als zuwenig aufreißen. In diesem Sinne: ein schönes Wochenende.

Freitag, 11. November 2016

Hamburger Gitter

Irmi aus Stuttgart fragt:

Seit wann gibt es die „Hamburger Gitter" und wer hat sie erfunden?

WikipeteR antwortet:

Am 1. November 1951 zeterte Die ZEIT:

„In Taxis und Polizeiautos wurden Reservearbeiter in Hamburgs Hafen gefahren. Vor dem Bremer Rathaus kam es zu Demonstrationen, bei denen es Verletzungen und Verhaftungen hagelte. Und auf den Kaianlagen von New York stapelten sich für Millionen Dollar Importgüter und tausende von Postsäcken. Telegramme flogen über den Atlantik. Schiffe wurden umdirigiert, Streiks sind aufgeflammt in den Häfen des Westens, dem Sammelbecken der Internationale. Wilde Streiks! Politische Streiks!"

In Deutschland hatte sich die ÖTV dem Schlichterspruch unterworfen, der eine Erhöhung des Stundenlohns um 9 Pfennig vorsah

– 23 Pfennig waren ursprünglich gefordert –, in den USA hatte die ILA nach einer Forderung von 25 Cent einer Lohnerhöhung um 10 Cent zugestimmt, in beiden Fällen waren die Arbeiter nach „unglücklichen Undurchsichtigkeiten" (ZEIT) bei den Urabstimmungen gegen die Gewerkschaftsführung aufgebracht. Deshalb streikten schließlich in New York, Boston, Baltimore und Philadelphia 30.000 Hafenarbeiter, 6.000 in Hamburg und 2.000 in Bremen. Die ZEIT hatte mit Stalin auch gleich den wahren Schuldigen für diese Streiks parat:

> *„Die Streiks wurden fortgesetzt. Sie kosteten Amerika täglich 25 Millionen Dollar und der Bundesrepublik täglich eine Million DM. Wem kommt dieser Schaden zugute? Stalin! Und es ist kein Zweifel, daß zumindest die deutschen Streiks ferngelenkte Aktionen der Kommunisten sind."*

Die koreanischen Waffenstillstandsverhandlungen in Panmunyon blieben im November noch ergebnislos, der Koreakrieg ging weiter, der Streik an der amerikanischen Ostküste führte aber zum „völligen Stillstand des Transportes aller kriegswichtigen Güter". Präsident Truman forderte deshalb die Hafenarbeiter auf, „mit Rücksicht auf die Landesverteidigung" sofort die Arbeit wiederaufzunehmen, und brachte Verhandlungen zwischen der Gewerkschaftsführung und den Streikkomitees in Gang. In Bremen begab sich Bürgermeister Kaysen persönlich in die Höhle des Löwen. Gegen das Versprechen, zwei ausgefallenen Schichten nachzuzahlen und außerdem Kartoffelgelder in Höhe von 30 DM für Familienväter und 20 DM für Ledige auszuwerfen, wurde dort der Streik schon nach vier Tagen abgebrochen. In Hamburg erklärte Senatsdirektor Lüth: „Wir müssen ein Exempel statuieren, auch wenn es uns etwas kostet." Die Hamburger Hafenarbeiter gaben dann auch nach 18 Tagen auf, ohne ihr Streikziel erreicht zu haben. Nachdem ein Untersuchungsausschuß eingesetzt worden war, der die Mauscheleien (nachzulesen in „Minutes of Commissioner Edward Corsi's Fact-Finding Board, Appointed to Consider the New York Dock Strike, New York (State) Board of Inquiry on Longshore

Industry Work Stoppage 1951") beim niedrigen Tarifabschluß aufdecken sollte, kehrten am 9. November auch an der amerikanischen Ostküste die Hafenarbeiter nach 25 Streiktagen an ihre Arbeitsplätze zurück.

Während dieses Streiks – die verliefen damals ja auch nicht halb so friedlich wie Demonstrationen heutzutage – sollen die Absperrgitter, um die es in der heutigen Frage geht, zu ihrem Namen Hamburger Gitter gekommen sein, weil sie für die New Yorker Hafenarbeiter so aussahen wie die Grillroste, auf denen die echten Hamburger gebraten wurden. Von New York aus habe sich diese scherzhafte Bezeichnung dann international verbreitet.

Erfunden wurden solche Absperrungen allerdings schon vom französischen Fotografen und Luftschiffer Nadar. Als der am 26. September 1864 mit seinem Riesenballon Le Géant Brüssel besuchte, errichtete er mobile Barrieren, um die Menge auf sichere Distanz zu halten, weshalb sie in Belgien auch bis heute nicht Hamburger Gitter, sondern barrières Nadar heißen. Die original „Samia"-Stahlgitter, die mit Haken und Ösen mit den benachbarten Elementen verbunden werden können, wurden in Frankreich gegen die sozialen Unruhen Anfang der 1950er entwickelt, 1951 patentiert und haben sich sehr schnell in Westeuropa und Amerika durchgesetzt.

Und wenn wieder einmal Hamburger Gitter (nebst einer bis an die Zähne bewaffneten Hundertschaft) zwischen uns und irgendwelchen Faschisten von irgendwelchen „Freundeskreisen" stehen und sie und irgendeine ihrer „Mahnwachen" vor unserem gerechten Zorn schützen, sollten wir daran denken, daß Hamburger Reiter immer noch humaner sind als etwa stacheldrahtbewehrte Spanische Reiter, an denen wir uns die Eier oder sonst etwas aufreißen könnten. Danke, liebe Polizei, danke.

Volk

Honkheimer Hirsch fragt:

„Sind wir das Volk, oder sind wir wirr?"

WikipeteR antwortet:

Volk. Volk. Volk. Wenn ich das nur höre, dann wird mir seltsam kriegerisch zumute und ich nehme den Wurfspeer in die Hand. Denn ursprünglich war Volk ein militärischer Begriff, den man sich irgendwann im frühen Mittelalter in Nord- und Mitteleuropa aus dem Slawischen (von plŭkŭ = Kriegsschar) ausgeborgt hat und der seitdem als volk, folk, folc, folch, foulc, volck u.ä. durch diesen Sprachraum geistert. Die älteste Bedeutung ist die eines Heerhaufens, einer geschlossenen Abteilung von Kriegern, die gemeinsam in militärische Operationen zogen. Die Römer setzten folk mit ihrer Kohorte gleich.

Die militärische Bedeutung des Begriffs verblasste mit der Zeit, erwachte aber zu neuem Leben, als sich im ausgehenden Mittelalter zunehmend geworbene Heere mit Landsknechten als Söldnern durchsetzten. Volk wurde im Sinne von Truppen, Streitkräften und auch Soldaten allgemein verwendet, „derogleichen vom lande nicht geworbenes volck", „wählsche völcker", „wallensteinisch volck", „da überliesz nun der könig denen Schweden etliche völcker". Im 18. Jahrhundert begann dann diese Bedeutung zu veralten. Trotzdem übersetzte August Wilhelm Schlegel noch vor 200 Jahren Shakespeares

> *„To Stanley's regiment; bid him bring his power*
> *Before sunrising ... "*
> so:
> *„Zu Stanley's Regiment; heiß ihn sein Volk*
> *Vor Sonnenaufgang bringen ... "*

Im mundartlichen Gebrauch hielt sich die militärische Bedeutung noch etwas länger. So hieß etwa hier in Göttingen nach Georg Schambachs „Göttingisch-Grubenhagen'schen Idiotikon" von 1858 „bî't volk gân" nichts anderes als „Soldat werden".

Im Laufe der Jahrhunderte erweiterte sich der Volksbegriff und bezeichnete auch kleinere, durch irgendein Band der Gemeinsamkeit zusammengehaltene Gruppen, wobei, so das Grimm'sche Wörterbuch, „… meist diese mehrheit als unter der führung, herrschaft eines einzelnen stehend gedacht ist. so erscheint volk häufig im sinne von hausgemeinschaft, familie (manchmal die kinder) oder besonders von gesinde“:

„Sein Weib und sein Wirthschaft,
sein Volk und sein Vieh“
Franz Stelzhamer 1855

Zum Volk gehört also schon in der Vorstellung der Führer, der für es spricht und dem das Volk folgt, im Militärischen wie auch im Zivilen, im Kleinen wie auch im Großen, wobei beim Volk im Großen im Gegensatz zum Volk im Kleinen bis ins 20. Jahrhundert hinein Frauen und Kinder kaum mitgedacht wurden, und wenn, dann nur als Angehörige der Männer. Volk in diesem Sinne war die Gesamtheit der Männer, die sich durch Sprache, Abstammung, politische Organisation oder auch den von ihr bewohnten Landstrich gegen andere derartige Gesamtheiten absondert. Wenn man Volk in diesem Sinne im Plural benutzt und ein Volk gegenüber den anderen über die Abstammung abgrenzt, ist man schnell beim völkischen Nationalismus und von dort ist es nur noch ein kleiner Schritt zur nationalsozialistischen Blut-und-Boden-Ideologie.

Wenn man Volk als die große Masse der Bevölkerung im Gegensatz zu einer Oberschicht versteht, lateinisch populus, französisch la peuple, englisch people, deutsch Pöbel, dann gibt es auch keinen Plural Völker, nur das Volk im Singular als Einheit der Regierten, der Untertanen gegenüber einer Obrigkeit. Volk in diesem Sinne wurde lange nur herablassend und verächtlich gebraucht. Das änderte sich mit der Französischen Revolution und der Romantik.

In der Französischen Revolution kehrten sich die Verhältnisse um, das Volk, la peuple, wurde zum demos, zur Gesamtheit der Staatsbürger, in der die Staatsgewalt ihren Ursprung hat, das Volk als Souverän anstelle des Königs. In der Romantik begann man sich von

Aufklärung und Verstandeskultur abzuwenden und den Volksbegriff zu veredeln, weil man „in dem volke den unbefangenen, kern- und wurzelhaften, unverbildeten, characteristischen theil der gesellschaft" sah, „das volk wird unter umständen wie ein individuum gedacht, man spricht von volksmund, volksseele, -bewusztsein, -character, -gedächtnis, -gefühl, -geist, -gemüth, -genius, -herz, -körper, -persönlichkeit, -phantasie, -stimme." (Deutsches Wörterbuch von Jacob und Wilhelm Grimm) Wenn das Volk der Souverän ist und man es nicht als dēmos begreift, als die Gesamtheit der abstimmungsberechtigten Bürger, von denen jeder einen individuellen Willen hat, sondern als éthnos mit einem einheitlichen Willen, riecht der Faschismus schon streng durch.

> *„In einer Demokratie haben die Bürger individuelle Rechte, aber in ihrer Gesamtheit besitzen sie politischen Einfluß nur unter einem quantitativen Gesichtspunkt – man folgt den Entscheidungen der Mehrheit. Für den Urfaschismus jedoch haben Individuen als Individuen keinerlei Rechte, das Volk dagegen wird als eine Qualität begriffen, als monolithische Einheit, die den Willen aller zum Ausdruck bringt. Da eine große Menschenmenge keinen gemeinsamen Willen besitzen kann, präsentiert sich der Führer als Deuter. Da sie ihre Delegationsmacht verloren haben, handeln die Bürger nicht mehr; sie werden lediglich zusammengerufen, um die Rolle des Volkes zu spielen. Daher ist das Volk nichts als eine theatralische Fiktion. "*
> Umberto Eco, Der immerwährende Faschismus, 1998

Wenn ein Haufen Demonstranten „Wir sind das Volk!" grölt, so ist das richtig, aber komplett sinnlos, solange der Haufen damit nur aussagen will, daß alle Marschierenden wahlberechtigte deutsche Staatsbürger sind. Sobald dieser Haufen damit aber anprangern will, daß die Regierenden den Willen des Volkes nicht oder nicht mehr zum Ausdruck bringen, fängt die urfaschistische Suppe schon leise zu köcheln an, denn einen einheitlichen Volkswillen gibt es nicht. Wer verkündet, diesen Volkswillen auch noch zu kennen, ist ein politischer Falschspieler oder, schlimmer noch, ein Demoskop. Wirr ist das Volk und uneinheitlich und bunt. Und das ist auch gut

so, denn eine Gleichschaltung unserer Willen brächte uns
schnurstracks zurück ins Dritte Reich oder in die Ostzone.
In diesem Sinne wünsche ich Ihnen ein schönes Wochenende.

Samstag, 26. November 2016

Deutsches Wesen

Hannelore aus Berlin fragt:

> *„Am deutschen Wesen soll die Welt genesen. So sagte man*
> *einst und heute wieder. Aber was heißt eigentlich deutsch?"*

WikipeteR antwortet:

In einem Bericht an Papst Hadrian I. über zwei Synoden, die 786
in England stattgefunden hatten, vermeldete Kardinalbischof Ge-
orgius von Ostia, die Konzilsbeschlüsse seien, „quo omnes intelle-
gere potuissent" (damit alle es verstehen könnten), „tam latine
quam theodisce" (auf Latein wie auch in der Heidensprache) mit-
geteilt worden. Hier tauchte der Begriff „deutsch", „diutisc", „thiu-
disc" zum ersten Mal in der Geschichte in einem Dokument auf: in
seiner mittellateinischen Form „theodiscus" als Sammelbezeich-
nung für alle Sprachen außer Latein.

Das Adjektiv „deutsch" kommt vom althochdeutschen „diot" mit
der gotischen Wurzel „þiuda", bedeutete ursprünglich nur „fremd".
In der Wulfilabibel (Galater 2,14) wurden alle nichtjüdischen
Stämme, die noch christlich bekehrt werden sollten – etwa im Sinne
des heutigen „heidnisch" – unter dem Begriff „þiudiskô" zusammengefaßt. Das Wort hatte eine herabsetzende Klangfarbe angenommen: hier die guten Christen – dort die bösen Heiden.

Zur Zeit Karls des Großen, zu der die oben erwähnten Synoden
stattgefunden hatten, setzte sich „theodiscus" als Sammelbezeich-
nung für alle rechtsrheinischen Stämme des Frankenreiches durch,
Sachsen, Ostfranken, Schwaben und Bayern, die noch zu erobern-
den und mit Feuer und Schwert zwangszubekehrenden wendi-
schen, sorbischen und slawischen Stämme weit im Osten einge-
schlossen. Niemand aber verstand sich damals selbst als deutsch im

Sinne einer Gruppenzugehörigkeit. „Deutsch" waren immer nur die anderen, „deutsch" waren die heidnischen Stämme im Osten, „deutsche" waren alle, die kein Latein oder eine der romanischen Sprachen beherrschten, „deutsch" war das den adligen Herren leibeigene niedere Volk, das für diese ebenso wie das Vieh nur solange und so viel zählte, wie es Nutzen brachte.

Deutsch war in erster Linie jede Sprache, die nicht die Sprache der Kirche war und im fränkischen Herrschaftsgebiet von den Untertanen gesprochen wurde. Auch die Adligen verstanden kein Latein; sie ließen sprechen. Lesen und Schreiben war in ihren Kreisen nicht verbreitet; sie ließen lesen und schreiben. Bildung war eine Sache fast allein der Geistlichkeit, selbst Kaiser, die lesen und schreiben konnten – Otto II.! – waren eine solche Ausnahme, daß es in den Chroniken als Besonderheit vermerkt wurde. Deshalb gab es auch bis zur Mitte des elften Jahrhunderts recht wenige Texte, die in einem deutschen Idiom verfaßt waren, und wenn, dann waren sie geistlicher Natur, Gebete, Taufgelöbnisse, Bibelübersetzungen. Zur Zeit der Stauferkaiser kam dann eine höfische Literatur – Wolfram von Eschenbach, Gottfried von Straßburg, Walther von der Vogelweide – in Mode, die sich an den Adel richtete und in einem überregional verständlichen Deutsch geschrieben war. Mit dem Niedergang der Staufer verschwand auch diese relativ einheitliche überregionale Sprachform.

Ein überregional verständliches Deutsch als Hoch- und Schriftsprache zu etablieren, gelang erst vier Jahrhunderte später Martin Luther mit seiner Bibelübersetzung. Um vor allem von den breiten Massen verstanden zu werden, orientierte er sich so erfolgreich an der Ausdrucksweise, wie sie auf der Straße vorherrschte, daß bis heute „deutsch reden" bedeutet, offen, deutlich, derb, rücksichtslos zu sprechen, kein Blatt vor den Mund zu nehmen.

> *„man mus nicht die buchstaben inn der lateinischen sprachen*
> *fragen, wie man sol Deutsch reden, wie diese esel thun, sondern,*
> *man mus die mutter jhm hause, die kinder auff der gassen, den*
> *gemeinen man auff dem marckt drumb fragen, und den selbigen*

auff das maul sehen, wie sie reden, und darnach dolmetzschen,
so verstehen sie es den und mercken, das man Deutsch mit jn
redet.“

Zu Luthers Zeit, fünf Jahre vor seinem Thesenanschlag, gewann der Begriff „deutsch“ nun auch staatsrechtliche Bedeutung. In der Präambel des Reichstagsabschieds von 1512 wurde zum ersten Mal der Zusatz Nationis Germanicæ zur Reichsbezeichnung Sacrum Imperium Romanum offiziell verwendet, aus dem Heiligen Römischen Reich wurde das Heilige Römische Reich Teutscher Nation. Zwar wurde schon im 11. und 12. Jahrhundert die Bezeichnung Regnum Teutonicum benutzt, aber nur in italienischen und kirchlichen Quellen als Kampfbegriff, um Herrschaftsansprüche auf Italien zurückzuweisen. Im Reichsabschied vom 26. August 1512 (Romischer Keyserlicher Maiestat und gemeiner Stende des Reichs uff satzung und ordnung uff dem Reichstag zu Collen. Anno. XVc. und XII. uffgericht) ließ Maximilian I. das Territorium dieses Reich auf pfeilgrad zehn „Kreise“ festlegen:

§ 11. Und daraufhin haben Wir zusammen mit den Ständen
zehn Kreise eingeteilt, wie hiernach folgt: Es sollen nämlich Wir
mit Unseren Erblanden in Österreich und Tirol etc. einen Ös-
terreichischer Reichskreis], und Burgund mit seinen Landen
auch einen Kreis haben [Burgundischer Reichskreis].

§ 12. Weiterhin sollen die vier Kurfürsten am Rhein einen
[Kurrheinischer Reichskreis] und die Kurfürsten von Sachsen
und Brandenburg mit Herzog Georg von Sachsen und den Bi-
schöfen, die in den Landen und Bezirken ihren Sitz haben,
auch einen Kreis haben [Obersächsischer Reichskreis]. Und die
sechs Kreise, die hiervor auf dem Reichstag in Augsburg [1500]
eingeteilt worden sind [Fränkischer Reichskreis, Bayerischer
Reichskreis, Schwäbischer Reichskreis, Oberrheinischer Reichs-
kreis, Niederrheinisch-Westfälischer Reichskreis, Niedersäch-
sischer Reichskreis], sollen bestehen bleiben, und dieses soll für
die Obrigkeit, die Landesherrschaft und die Rechte eines jeden
Standes unschädlich sein. Wenn es aber wegen der Einteilung

dieser Kreise zu Streitigkeiten kommt, soll darüber auf dem nächsten Reichstag verhandelt werden.

Im Zusammenhang mit der Festlegung der zehn Kreise bedeutet der Namenszusatz Nationis Germanicæ nichts als eine territoriale Einschränkung des Reiches, die den tatsächlichen Kräfteverhältnissen in Europa Rechnung trug. Dazu muß man noch wissen, daß das lateinische Wort natio bis ins 18. Jahrhundert nicht „Volk", sondern den „Ort der Geburt" bezeichnete – im Gegensatz zu gens (= Sippe, Stamm, Volk). Gegen Ende des 16. Jahrhunderts verschwand dann der Zusatz Teutscher Nation wieder aus dem offiziellen Gebrauch, um dann von der Geschichtsschreibung der Romantik wieder so erfolgreich aus der Mottenkiste hervorgeholt zu werden, daß er bis heute so in den Köpfen spukt, als habe das Reich seit Karl dem Großen diesen Namen getragen.

Damit einher ging eine Umwertung des Begriffs „deutsch" durch unsere Romantiker. Im Mittelalter noch herabsetzend benutzt, wurde das Wort – ebenso und gleichzeitig wie „Volk" übrigens – jetzt überhöht und mit einem geradezu kitschigen Glanz versehen. So führt Wilhelm Grimm im Deutschen Wörterbuch, Band 2, Spalte 1046 zum Stichwort DEUTSCH aus:

> *2. deutsch bezeichnet das edle und treffliche, und diese bedeutung wurzelt in der unauslöschbaren liebe der deutschen zu ihrem vaterland und in dem gefühl von dem geist der es belebt. ein deutscher mann ist ein tüchtiger, redlicher, tapferer. deutsche treue soll nie gebrochen werden. ein deutsches gemüt ist ein tiefes, wahrhaftes.*
>
> *„Deutsch sein heißt schon der Wortbedeutung nach völkisch, als ein ursprüngliches, nicht als zu einem Anderen gehöriges und Nachbild eines Andern."*
> Johann Gottlieb Fichte 1811 in einem Gutachten über einen Plan zu Studentenvereinen

Unter dem Einfluß der Anfang des 19. Jahrhunderts aufkeimende völkischen Ideologie, Fichte wirkte quasi als ihr Geburtshelfer, wurde „deutsch" zunehmend ethnisch definiert. Als dann 1871 aus 25 Bundesstaaten, nämlich dem Reichsland Elsaß-Lothringen, den

Königreichen Württemberg, Sachsen, Preußen und Bayern, den
Herzogtümern Sachsen-Meiningen, Sachsen-Coburg und Gotha,
Sachsen-Altenburg, Braunschweig und Anhalt, den Großherzogtü-
mern Sachsen-Weimar-Eisenach, Oldenburg, Mecklenburg-Stre-
litz, Mecklenburg-Schwerin, Hessen und Baden, den Fürstentü-
mern Waldeck, Schwarzburg-Sondershausen, Schwarzburg-Ru-
dolstadt, Schaumburg-Lippe, Reuß jüngere Linie, Reuß älterer Linie
und Lippe sowie den Hansestädten Lübeck, Hamburg und Bremen
das Deutsche Reich gegründet wurde, spielte die Frage, was denn
„deutsch" bzw. wer denn „Deutscher" sei, im politischen Raum zunächst keine Rolle. Es gab keine einheitliche Staatsangehörigkeit,
nur die Staatsangehörigkeit zu den einzelnen Bundesstaaten. Erst
im Reichs- und Staatsangehörigkeitsgesetz vom 22. Juli 1913 wurden die Regelungen vereinheitlicht und schon im Sinne der völkischen Ideologie das Abstammungsprinzip festgelegt.

§ 1.

*Deutscher ist, wer die Staatsangehörigkeit in einem Bundes-
staat (§§ 3 bis 32) oder die unmittelbare Reichsangehörigkeit
(§§ 3 bis 35) besitzt.*

§ 4.

*[1] Durch die Geburt erwirbt das eheliche Kind eines Deut-
schen die Staatsangehörigkeit des Vaters, das uneheliche Kind
eines Deutschen die Staatsangehörigkeit der Mutter.*

Der zunehmenden völkischen Bewegung war das noch zu wenig.
Ihr Ziel war (und ist wieder) die Schaffung einer homogenen, nati-
onal, politisch und „rassisch" einheitlichen „Volksgemeinschaft",
ein deutsches Volk als erbbiologisch bestimmte „Blutsgemein-
schaft" unter Ausschluß der Juden und anderer Minderheiten.

*„Staatsbürger kann nur sein, wer Volksgenosse ist. Volksge-
nosse kann nur sein, wer deutschen Blutes ist, ohne Rücksicht-
nahme auf Konfession. Kein Jude kann daher Volksgenosse
sein."*

(Punkt 4. des 25-Punkte-Programms der NSDAP vom 24. Februar 1920)

Diese Vorstellung vom Deutschtum war massentauglich (ist es wohl auch immer noch) und wurde von den Nationalsozialisten nach der Machtergreifung mit der Verordnung über die deutsche Staatsangehörigkeit, den Rassegesetzen und dem Holocaust mit deutscher Gründlichkeit umgesetzt.

> *„Und es mag am deutschen Wesen*
> *Einmal noch die Welt genesen."*
> (Emanuel Geibel 1861)

Am Anfang war „deutsch" ein herabsetzender Sammelbegriff für verschiedenartigste geknechtete Stämme und Schichten, am Ende der Fahnenstange eine anmaßende Selbstbezeichnung für nur noch wenige Verbrecher, die sich selbst als Herrenrasse verstehen und sich über den Rest der Welt erhaben fühlen. Und an deren Wesen soll die Welt genesen? Nein, danke! Dann fühle ich mich doch lieber nicht als Deutscher, sondern nur als Mensch.

In diesem Sinne wünsche ich Ihnen noch einen schönen Restadventssonntag.

Samstag, 3. Dezember 2016

MAD, pardon, Titanic – Satirelandchaft

Canis vulgaris teledictus (Gemeiner Meldehund) aus Stuttgart fragt:

> *„... und seit wann gab es MAD? #unvergesslich*
> *#Spion&Spion"*

WikipeteR antwortet:

1952 war's, der Koreakrieg noch in vollem Gange, als der Horror-Comic-Verleger William Gaines seine Zeichner Albert Feldstein und Harvey Kurtzman beauftragte, ein Comic-Heft zu entwickeln, das über den Humor von tranigen Teenie-Abenteuern und Geschichten mit tollpatschigen Anti-Helden hinausging. „Tales calculated to drive you MAD" wurde konzipiert – ein Comic, der andere Comics parodierte. Im ersten (August 1952) und im zweiten Heft waren das noch die Gruselgeschichten aus dem eigenen Verlag, ab der dritten Ausgabe mußten schon andere Comics für eine Parodie

herhalten, etwa „Starchie" und „Poopeye". Mit „Superduperman"
in Heft Nr. 4, der statt des „S" Werbeslogans auf seiner stählernen
Brust trug, kam dann der Durchbruch für MAD.

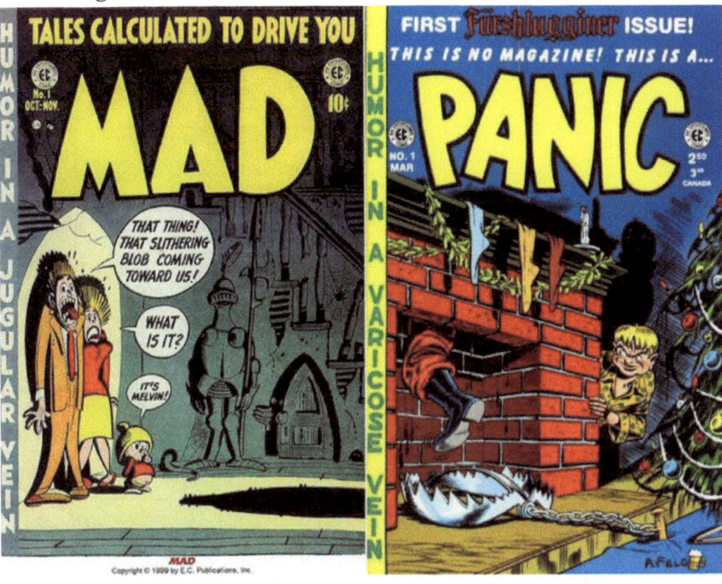

Der Anfangserfolg von MAD ermunterte Gaines, einen zweiten,
etwas schärferen Satirecomic herauszugeben. Im Dezember 1953
erschien die erste Ausgabe von PANIC. Das Heft enthielt neben
den Parodien „My Gun is the Jury", „This is Your Strife" und
„Little Red Riding Hood" die von Will Elder gezeichnete 8-Seiten-
Sory „The Night Before Christmas" nach Clement Clarke Moores
Gedicht „A Visit From Saint Nicholas", in der Kinder zu Weihnachten von Marilyn Monroe träumen, während ihre Eltern sich in
die Bewußtlosigkeit zechen. Empörte Presseberichte, Polizeidurch-
suchung der Redaktion, Verhaftung eines Mitarbeiters wegen „Ver-
kaufs schmutziger Literatur", etliche Gerichtsverhandlungen und
schließlich die Gründung der Comic Code Authority, einer Art frei-
williger Selbstkontrolle der Comic-Verleger waren die Folge. William Gaines kapitulierte angesichts des wachsenden Widerstands in
der Öffentlichkeit und nahm im September 1954 sämtliche Horror-
und Krimi-Titel aus dem Programm.

MAD dagegen konnte den Erfolg noch steigern. Und bis auf die Ausgabe Nr. 20, die wie ein Schulheft aufgemacht war und deshalb einige Lehrer verärgerte, zog das Magazin auch nicht den Volkszorn

auf sich. Mit Nr. 24 vom Juli 1955 erschien MAD schwarzweiß, in neuem Format, auf neuem, allerdings immer noch minderwertigem Papier und für 25 statt vorher 10 Cent. Kurtzman und seine Mitarbeiter parodierten jetzt nicht mehr nur Comics, sondern auch Zeitungen, Werbung und Filme. MAD selbst veröffentlichte keine Anzeigen und konnte daher mit Anzeigen-Parodien – Zigaretten, Alkohol, Nahrungsmittel, Autos – glaubwürdig die haltlosen Verheißungen der Werbeindustrie geißeln. Da MAD nun ein Magazin war, mußten sich die Macher auch nicht mehr an die Richtlinien der Comic Code Authority halten. Gleich das erste neue Heft fand reißenden Absatz und mußte sogar nachgedruckt werden. Kurtzman verließ den Verlag, Al Feldstein wurde Chefredakteur. MAD wurde politischer, ohne Partei zu ergreifen: Demokraten wie Republikaner wurden gleichermaßen verulkt. In 50er und 60er Jahren, einer Zeit des Kalten Krieges, der kollektiven Paranoia und der Zensur, füllte MAD die Lücke der politischen Satire.
Ab Mitte der 1960er Jahre wandelte sich das gesellschaftliche Klima. Vietnam-Krieg, Hippies und Drogen tauchten als Themen

in MAD auf, Rubriken wie „Der Schatten bringt es an den Tag“, „Was man so sagt ... und was es wirklich bedeutet“ oder „Wenn in der Film-Reklame die Wahrheit gesagt werden müßte“ vermittelten Teenagern lauter kleine Crashkurse in Sprach- und Ideologiekritik und machten gleichermaßen skeptisch gegen Autoritäten, Trends und Bewegungen, Redaktion und Leserschaft wurden aber weiter als Haufen von schwachsinnigen Verlierern unter dem Banner des Oberidioten Alfred E. Neuman stilisiert – dieser Kurs bescherte dem Blatt Anfang bis Mitte der 70er Jahre eine Auflage von fast drei Millionen Exemplaren allein in den USA gegenüber 325.000 im Jahr 1956 und wurde von Feldstein mit Zeichnern wie Bob Clarke, Paul Coker, Don Martin, Dave Berg und George Woodbridge bis 1984 durchgehalten.

MAD wurde international. 1959 kam das Magazin nach Großbritannien, 1960 nach Schweden, 1964 in die Niederlande. In Deutschland mußte sich die lachlustige Jugend noch sehr lange mit Micky Maus und dem reaktionären Fix und Foxi begnügen: Erst im September 1967 wurde die deutsche Ausgabe von MAD gestartet.

Für mich war das nichts mehr, fand ich damals. Für meinen zwei Jahre jüngeren Bruder und seine Freunde, die gern auch mal Sackgassenschilder abmontierten und nachts an die Kirchentür nagelten, vielleicht, aber nicht für mich. Meine Freunde und ich, wir zählten uns selbstverständlich zur APO und lasen die pardon, die seit August 1962 die verödete Nachkriegssatirelandschaft, in der es außer einer Handvoll Kabarettbühnen kaum etwas zu belachen gab, belebte. Politisch korrekt in unserem Sinne war sie überdies, Satire-Aktionen gegen den Springer-Konzern und gegen Franz Josef Strauß, der das Magazin achtzehnmal verklagte und achtzehnmal vor Gericht verlor; Robert Gernhardt und F.W. Bernstein dichteten, Kurt Halbritter, Hans Traxler, F.K. Waechter, Walter Hanel, Stano Kochan und Chlodwig Poth zeichneten darin, Otto Köhler lieferte eine ausgezeichnete Literaturkritik; die ständige Nonsensdoppelseite „WimS – Welt im Spiegel“ ist bis heute unerreicht –

und alles garniert mit hübschen Nacktbildern, für die man sich nicht extra die schmuddelige Praline kaufen mußte.

Im Laufe der 1970er ließ die pardon dann ziemlich nach. Sie wurde leicht esoterisch („yogisches Fliegen"), dicker, bunter, zahmer und langweiliger. Das deutsche MAD setzte in der gleichen Zeit zu einem Höhenflug an. William Gaines holte Herbert Feuerstein vom pardon-Verlag Bärmeier & Nikel und machte ihn zum Chefredakteur. Der fügte zum amerikanischem Material – Filmparodien von Mort Drucker und Jack Davis, Minikritzeleien von Sergio Aragonés, Exekutions- und Kerkerszenen von Don Martin, „Spion & Spion" von Antonio Prohias' – originäres deutsches Material hinzu: „Leitspruch des Monats", „Erinnern Sie sich noch", „Alfred des Monats" an Prominente, die sich in irgendeiner Form disqualifiziert hatten, z.B. Erik Ode, Hans Filbinger oder Nastassia Kinski. So gelang es Feuerstein im Laufe weniger Jahre, die Auflage zu vervielfachen. Den absoluten Höhepunkt erreichte das Magazin Anfang der 80er Jahre mit 330 000 Exemplaren, soviel wie auch die pardon zu ihren Glanzzeiten.

1979 verließen Robert Gernhardt, F. K. Waechter, Peter Knorr, Hans Traxler und Chlodwig Poth die pardon und gründeten eine neue Satirezeitschrift: die Titanic.

> *„Die Grundhaltung der Zeitschrift ist immer gleich geblieben: Ein klares ja zum Nein! Gegen Schmidt, gegen Kohl, gegen Schröder. Gegen Unterdrückung, Diktatur, Minderheiten, Mehrheiten und Immobilienmakler. Ist die Welt deshalb besser geworden, konnte auch nur eine Katastrophe verhindert werden? [...] Natürlich nicht. "*
> (Peter Knorr und Hans Zippert 1999)

Diese Haltung gefiel mir 1979, diese Haltung gefiel mir 1999 und diese Haltung wird mir auch 2019 noch gefallen. Deshalb habe ich die Titanic auch von der ersten Ausgabe an gelesen und bis heute abonniert. Leider gibt es viele meiner Lieblingsrubriken nicht mehr, Die sieben peinlichsten Persönlichkeiten, Erledigte Fälle, Sondermann und die Kolumne von Walter Boehlich, Max Goldt schreibt nur noch sehr, sehr unregelmäßig, gut, die Briefe an die Leser und die sehr, sehr gute Humorkritik gibt es immer noch und Vom Fachmann für Kenner kann auch schon seit einigen Jahren einiges ersetzen, das weggefallen ist, aber ein gewisser Qualitätsverlust ist nicht zu leugnen.

Die Zeiten wandeln sich und die Satire muß sich mit ihnen wandeln, um nicht zur abgestandenen schalen Brühe von vorgestern zu werden. Die pardon wurde 1982 eingestellt, die deutsche Ausgabe des MAD 1995, mehrere Wiederbelebungsversuche ließen samt und sonders die alte Klasse vermissen und hatten nur mäßigen Erfolg. Die Titanic gibt es nach 37 Jahren immer noch und ich kann immer noch über vieles darin schmunzeln und sogar ab und an lachen. Wie lange noch? Überlebt die Titanic mich oder überlebe ich die Titanic, so wie ich die Rasselbande, die Star Club News, die Sounds und die pardon überlebt habe? Oder wird in den Geheimen Satirelaboren schon mit Neuem experimentiert?

In diesem Sinne wünsche ich einen erleuchteten zweiten Adventssonntag.

P.S.: Ich wollte eigentlich noch etwas zur Titanic und zur Satiregroßtat Die PARTEI schreiben, aber das Hirn ist mir jetzt wirklich eingetrocknet und ich vermag nichts Vernünftiges mehr herauszuquetschen.

Wahrnehmung und Wirklichkeit

Freiheit und Rettich @FrauRettich aus Göttingen fragt:

> *„@archilocheion Man kann etwas wahrnehmen und es ist trotzdem da...? ist das diese Philosophie oder wie?"*

WikipeteR antwortet:

> *Freilich kannte ich Eduard Meyer, jeder, der damals in Göttingen auf Lehramt studiert hatte, kannte ihn. Ede Meyer, Jahrgang 1888, hatte seit 1933 in Heidelberg und Göttingen Philosophie und Psychologie gelehrt, nach 1945 die Entnazifizierung nicht geschafft und hielt zu meiner Zeit nur noch Proseminare ab, vor tausend Teilnehmern im größten Hörsaal des ZHG, weil man den Schein so leicht wie bei keinem anderen bekam und der Besuch zum Kult avanciert war. Einmal im Studentenleben mußte man es erlebt haben, wie er den Hörsaal betrat, seine Frau und seine Sekretärin, angeblich auch seine Geliebte, in gebührendem Abstand mit seinen beiden Aktentaschen hinter ihm, zum Pult schritt und sein Seminar zelebrierte, als sei er eine Pop-Ikone.*

(aus: Peter Walther, Theo http://archilocheion.net/?p=417)

„Beziehung von Leib und Seele" hieß das Proseminar, das ich im Sommersemester 1975 bei ihm besuchte. In der zweiten Sitzung führte er uns, 41 Jahre, bevor Frau Rettich ihre Frage gestellt hat, mit einer kurzen Demonstration an die Schnittstelle zwischen Wahrnehmungsphysiologie, Wahrnehmungspsychologie und Philosophie. Er hob theatralisch beide Arme und verkündete: „Ich werde jetzt hinausgehen, Sie werden mich weder sehen und hören können, aber es wird mich trotzdem noch geben." Er winkte zum Abschied, schaute auf seine Uhr und verschwand mit kurzen energischen Schritten durch den rechten Ausgang. Beifall und vereinzelte Rufe: „Ist jetzt Schluß?" Nach genau drei Minuten kam er durch die linke Tür wieder zurück. Tosender Applaus. Ede Meyer verbeugte sich: „Drei Minuten konnten Sie mich weder sehen noch hören noch auf eine andere Art und Weise wahrnehmen. Trotzdem sind alle hier im Raum überzeugt, daß meine Existenz nicht unterbrochen war, als ich mich außerhalb Ihres Blickfelds befunden habe. Sie wären auch noch davon überzeugt gewesen, wäre ich dreißig Minuten weggeblieben, aber den Gefallen wollte ich Ihnen nicht tun." Er ließ sich von seiner Sekretärin ein Manuskript aus einer der beiden Aktentaschen reichen und stellte sich hinter das Pult: „Es gibt Phänomene außerhalb unserer beschränkten Wahrnehmung. Von denen wissen wir aus Erfahrung, wir müssen noch nicht einmal an sie nur glauben wie an Gott ...“

Letzten Endes können wir über die Welt außerhalb unserer aktuellen Wahrnehmung auch nichts hundertprozentig wissen. Wir können nur schlußfolgern und dabei hin und wieder irren. Und auch der Wahrnehmung mit unseren Sinnen können wir nicht wirklich trauen, weil in allen Fällen Reize auf Rezeptoren treffen, zum Gehirn weitergeleitet, dort erst zu Wahrnehmungen verarbeitet werden und an allen Stationen Störungen auftreten können. Beim Sehen treffen zum Beispiel Lichtwellen auf die Netzhaut, werden von dort auf das Feld 17 des Occipitallappens projiziert, wo das sogenannte „primäre Bild“ erzeugt wird. An das primär sensorische Areal schließen sich die Felder 18 und 19 an, in denen die eingehenden Informationen miteinander integriert, mit gespeicherten Erinnerungen verglichen und so dem Verständnis zugeführt werden.

Wie auch bei allen anderen Sinnesorgane wird hierbei nur ein Teil der möglichen Reize aufgenommen. Jede Wahrnehmung wird zunächst im sensorischen Speicher auf ihren Nutzen untersucht. Und nur wenn sie relevant erscheint, gelangt sie ins Kurzzeitgedächtnis, wo sie weiterverarbeitet wird. Sogenannten Savants, zum Beispiel Kalenderrechnern, die zu fast jedem Datum sofort den jeweiligen Wochentag nennen können, oder Zeichenkünstlern mit einem fotografisches Gedächtnis, die das Gesamtbild mit allen, auch den kleinsten Details in einem Akt in ihr Gedächtnis aufnehmen, fehlen solche Filter.

Bei der Weiterverarbeitung werden diese Informationen in kleinere Einheiten zerlegt, getrennt verarbeitet – verstärkt, abgeschwächt, bewertet – und in verschiedenen Gehirnarealen wieder zusammengeführt. Da kann dann ein einziges wahrgenommenes Merkmal ausschlaggebend für die Bewertung sein oder es wird von der Eigenschaft eines Merkmals auf die Qualität anderer Merkmale geschlossen, beispielsweise bei einem PKW von breiten Reifen auf einen starke Motor. Oder es kommt zum Halo-Effekt: Die Wahrnehmung einzelner Attribute wird durch ein bereits gebildetes Urteil bestimmt; neu erhaltene Informationen werden so interpretiert, daß sie das Urteil bestätigen; Eigenschaften, die im Widerspruch zu diesem Vor-Urteil stehen, werden unterbewertet oder sogar vollständig ignoriert.

Ein neugeborenes Kind hat nur die Erfahrungen im Speicher, die es im Mutterleib gemacht hat. Gehör, Geruchs- und Geschmackssinn sind zum Beispiel schon recht gut entwickelt, das visuelle System – Sehschärfe, Kontrast- und Farbempfindlichkeit – nur minimal. Neugeborene müssen erst lernen, alle Sinnesreize, denen sie ausgesetzt sind, so in Beziehung zueinander zu setzen, daß sie die Außenwelt realitätsgetreu wahrnehmen: Objekte zu unterscheiden, Entfernung und Geschwindigkeit, Wohlbefinden- oder Schmerzzufügungspotential einzuschätzen. Bei diesem Prozeß, der bis zu unserem letzten Atemzug andauert, werden die Filter und Beurteilungsprogramme in unserem Kopf von einem Sinneseindruck zum nächsten immer weiter verfeinert, um ihr Abbild im Kopf mit der real existierenden Außenwelt in Übereinklang zu bringen.

Weil das in unserem Gehirn geschieht, gelingt das nicht immer und manchen Menschen nie, aber das möchte ich an dieser Stelle nicht weiter vertiefen. Weil das in unserem Gehirn geschieht, können wir aber auch durch äußere Einwirkung auf dieses unser Gehirn die Art und Weise der Wahrnehmung beeinflussen, zum Beispiel durch Schläge auf den Kopf, durch Psychopharmaka oder durch Einnahme von Halluzinogenen wie Lysergsäurediethylamid.

Gerd entdeckte einen großen Stein, Sitzhöhe vielleicht ein dreiviertel Meter: „Wenn wir uns jetzt darauf setzen, können wir mit ihm eins werden und von ihm erfahren, was der Fels in den

Jahrmillionen seiner Existenz erlebt hat.“ Gerd hatte Castaneda gelesen, es kann auch Leary gewesen sein, ich weiß es nicht mehr. Ich war wohl etwas zu weit in der Zeit zurückgegangen und stand ziemlich schnell wieder auf, weil ich keine Lust hatte, mir den Hintern an der Lava zu verbrennen wie einst als Fünfjähriger an der gußeisernen Platte des Kohlenherdes. Die beiden anderen blieben sitzen und plötzlich vibrierte alles im Umkreis von sechs Metern, strahlenförmig vom Stein ausgehend.

Solche Empfindungen auf dem Trip kannte ich schon, beim Eisessen fein auf der Zunge oder beim Rauchen prickelnd in der Mundhöhle, noch jahrelang konnten Eisgenuß oder Zigaretten diese Sensationen auch ohne Trip wieder hervorrufen ... diese Vibrationen waren viel intensiver, erfaßten nicht nur die Luft, auch den Stein, uns Menschen darauf und davor und die Bäume ringsum, ich konnte sie sehen, hören, auf der Haut und im Körperinneren spüren. Sie entfernten sich vom Stein und von uns, bildeten einen Strahlenkranz, der sich stetig verengte und in die Höhe stieg, bis er wie ein Heiligenschein über mir stand, sich zuerst zu einem Kugelblitz und schließlich zu einem winzigen Punkt verdichtete, der in Lichtgeschwindigkeit in meinen Kopf zurückkehrte.

Welche Erleuchtung: „Nur aus meinem Kopf, alles kommt nur aus meinem Kopf“, predigte ich freudig erregt, als sei mir die Quadratur des Kreises gelungen. Ruppert und Gerd aber lächelten nur nachsichtig und wollten nicht von ihrem Glauben ablassen, das LSD stelle eine geistige Verbindung zwischen ihnen und toten Gegenständen her.
(aus: Peter Walther, Lichte Momente 2: Good Vibrations http://archilocheion.net/?p=288)

„wer definiert, was ausserhalb unserer sinne liegt?“ (84 Favs, 21 Retweets, 5 Antworten) fragt Rahel Müller am 7. Dezember ihre Follower auf Twitter, „Man kann es sehen & hören & riechen & schmecken & spüren & es ist trotzdem da. @einsilbig“ werfe ich am 8. Dezember ein, Frau Rettich bemängelt das fehlende

Fragezeichen und stellt zwei Stunden später die Frage der heutigen WikipeteR-Kolumne: „Man kann etwas wahrnehmen und es ist trotzdem da...? ist das diese Philosophie oder wie?“

Das ist viel mehr als Philosophie: Das ist Physiologie, das ist Psychologie, das ist Leben! Eduard Meyer lehrt uns, daß es unzählige Phänomene gibt, die wir nicht wahrnehmen können, die aber trotzdem existieren, meine Drogenexzesse lehrten mich, daß ich Phänomene wahrnehmen kann, die es in der Wirklichkeit nicht oder nicht so gibt, wie ich sie sehe, höre, fühle, rieche, schmecke. Und selbstverständlich, liebe Frau Rettich, gibt es all die Milliarden Phänomene in diesem Universum, die man wahrnimmt und die es trotzdem gibt.

Und weil sich die Wahrnehmung in unseren Köpfen abspielt, können wir nie sicher sein, ob sie tatsächlich mit der Wirklichkeit übereinstimmt oder ob nicht doch ... Sicher können wir nur sein, daß jeder Mensch anders wahrnimmt, daß das Orange in Mark Rothkos Gemälde in meinem Kopf anders aussieht als in dem meines Nachbarn, daß Ravels Bolero in meinem Kopf anders klingt als in dem meiner Nachbarin und daß ihre Fürze im Bus für jeden anders riechen, der dort mitfahren muß, ähnlich vielleicht, aber anders.

In diesem Sinne wünsche ich allen Leserinnen jeglichen Geschlechts ein schönes drittes Adventswochenende.

Stuhlgang

Tobi Depunkt von der Partei Die PARTEI fragt:

„Lieber #WikiPeter, warum spricht man beim großen Geschäft eigentlich von Stuhlgang?"

WikipeteR antwortet:

„Wenn man die erkrankten Personen nicht sofort behandeln würde, wäre das Altenheim innerhalb kurzer Zeit von einem braunen Sud befallen. Und am Ende macht keiner mehr das Maul auf, denn wer bis Oberkante Unterlippe in der Scheiße steht, befürchtet, daß es direkt reinläuft.

Und damit sind wir beim Thema! Sie verstehen: Wenn man Scheiße an den Hacken hat, sollte man rechtzeitig handeln."

Mit diesen derben und schönen Worten wurde am 8. Dezember im Göttinger Kreistag von Rieke Wolters (Die PARTEI) die Resolution „Mitglieder des Kreistages, Stadt- und Gemeinderäte dürfen nicht bedroht werden" begründet. Anlaß dieser von der Kreistagsgruppe Linke/Piraten/PARTEI eingebrachten Resolution war ein bewaffneter Angriff des faschistischen „Freundeskreises Thüringen/Südniedersachsen" auf den Kreistagsabgeordneten Meinhart Ramaswamy (Piraten) und dessen Familie. Die Polizei hatte diese Hardcore-Nazis vorher freundlich von Duderstadt nach Göttingen eskortiert und dort losgelassen.

Und worüber regte man sich auf? Sie erraten es: über die Wortwahl. Dabei ist das Wort, über das man sich da aufregt, höchst zutreffend für das, was damit gekennzeichnet werden soll. Das Wort „Scheiße" (auch: scheisze, schite, schiet) kann schriftlich bis in die Zeit vor der ersten Jahrtausendwende nachgewiesen werden und bezeichnete zunächst wie auch sein weniger anrüchiges Pendant „Stuhlgang" (auch: stulgang) aus der heutigen Frage das Exkrement nur in seiner krankhaften Form der Diarrhoe, vulgo Dünnpfiff.

„und welliche frau irem mann ist undertan,
der wünsch ich, dasz si ir lebtag müesz die scheisze han."
(Fastnachtsspiel aus dem 15. Jahrhundert)

So alt wie das Wort selbst, ist auch die Gewohnheit, „Scheiße" im übertragenen Sinn auf alles im Leben anzuwenden, das verachtenswert, schlecht und nichts wert ist.

„nicht ein schite mochte mi schaden, mochte ik leven."
(Des dodes dantz, Lübeck 1486)

Zumindest in den letzten beiden Jahrhunderten scheint das Wort selbst ein noch geringeres Ansehen gehabt zu haben als das, was es im übertragenen Sinne bezeichnet. In den Duden wurde „Scheiße" deshalb erst in die 11. Auflage 1934 aufgenommen und die Synonyme tummeln sich in der deutschen Sprache gleich dutzendweise: Ausscheidung, Stuhl, Haufen, Kacke, Kot, Losung, Aa, Dejekt, Fäzes, Exkret, Fäkalien (darauf möchte ich am Heiligabend im Zusammenhang mit den Fake-News zurückkommen) und nicht zuletzt das „große Geschäft" aus der heutigen Frage.

„Es giebt Geschäfte, die auch der Groß=Sultan,
und gält es sein Leben, nicht anders als Selbst verrichten kann."
(Christoph Martin Wieland, Der neue Amadis, 1771)

Schon vor zweieinhalb Jahrhunderten umschrieb man also den Toilettengang so, seinen Ursprung hat die Wendung „sein Geschäft verrichten" (negotium conficere) dafür aber schon im alten Rom.

Damals waren dort öffentliche Latrinen üblich, wo die Toilettengänger in geselliger Runde zusammensaßen und gemütlich miteinander plauderten.

Für die römische Oberschicht gab es zudem spezielle Luxuslatrinen, inklusive Marmorsitzen und Fußbodenheizung. Und in dieser angenehmen Atmosphäre hat man eben nicht nur sein großes oder kleines Geschäft verrichtet, sondern auch echte Geschäfte untereinander abgeschlossen.

In nicht ganz so angenehmer Atmosphäre, auf (immerhin) gepolsterten Stühlen statt auf vorgewärmtem Marmor, hat der Kreistag am 8. Dezember übrigens anstelle der von Linken, Piraten & PARTEI vorgeschlagenen die Resolution „Für Politik ohne Gewalt!“ beschlossen – eine Resolution mit einer vorangestellten Distanzierung „von jeder Form des politischen Extremismus“ und ohne konkreten Hinweis auf den bewaffneten Angriff gegen Meinhart Ramaswamy und die Ecke, aus der dieser Angriff kam.

> *„Denn wir haben hier ein Problem mit dem braunen Sud.“*
> Rieke Wolters

Wer das nicht sehen will und statt Roß und Reiter klar zu benennen, verniedlichend, abwiegelnd und hohl gegen „jede Form des politischen Extremismus“ nebelt, wird eines Tages jämmerlich in dieser Scheiße ersaufen.

FAQ

Frank Lepold aus Offenbach fragt:

> *[Kann man den Anteil von Fake in den „News", der in
> künftige Geschichtsbücher eingeht, jetzt schon bemessen?]*

WikipeteR antwortet:

Wenn ich das Wort „Fake" nur höre, steigt mir sofort ein unangenehmer Geruch in die Nase. Gut. Ich weiß, „Fäkalie" stammt vom lateinischen „faex" (= Hefe, Bodensatz, Abschaum) und „Fake" ebenso wie sein Wortzwilling „Fakt" vom lateinischen „facere" (= machen, tun) – trotzdem klingt es für mich gut hörbar darin mit. Ich bevorzuge sowieso das gute deutsche „Fälschung", da ist schon vom Begriff her klar, daß da nichts Richtiges dran sein kann.

Fake News sind keine Erfindung des Internets, es gibt sie wahrscheinlich, seit die Menschheit das Lügen gelernt hat. Eines der schönsten frühen Exemplare finden wir in den nüchternen Aufzeichnungen Caesars.

> *„Es gibt ebenso Tiere, die Elche genannt werden. Ihnen ist die
> Gestalt und die Färbung von Ziegen ähnlich, aber in der Größe
> übertreffen sie sie ein wenig, ihre Hörner sind verstümmelt und
> sie haben Beine ohne Knöchel und Gelenke. Weder legen sie sich
> zum Schlafen hin noch können sie, wenn sie durch irgend einen
> Zufall umgeworfen, sich aufrichten oder aufstehen. Ihnen dienen
> Bäume als Schlafstätten. Sie nähern sich ihnen an und genießen
> so, ein wenig an sie angelehnt, Ruhe. Wenn Jäger durch Spuren
> bemerkt haben, wohin sie sich gewöhnlich zurückziehen, unter-
> graben sie dort alle Bäume oder kerben sie so sehr an, dass im
> Ganzen noch der Anschein stehender Bäume bleibt. Wenn sie
> sich ihrer Gewohnheit nach hier angelehnt haben, bringen sie die
> schwachen Bäume durch ihr Gewicht zu Fall und werden selbst
> getötet."*
>
> C. Iulius Caesar, De bello Gallico, Liber VI [27]

Der Begriff „Elchtest" für einen Test, der die Seitenstabilität von PKW prüft, geht übrigens auf diese Flunkerei Caesars zurück. Andere Fakes, die in die Geschichtsbücher eingegangen sind und sich

trotz moderner quellenkritischer Geschichtsbetrachtung vor allem
wegen ihres hohen Unterhaltungswerts bis heute hartnäckig gehalten haben, wurden nicht aus Unkenntnis in die Welt gesetzt, sondern gezielt als Propagandainstrument vom politischen Gegner.

Caligula war größenwahnsinnig und geisteskrank, er gab seinem Lieblingspferd Incitatus goldene Gerstenkörner zu fressen, ließ es aus goldenen Bechern besten Wein trinken, schwor seine Eide beim Leben des Tieres und versprach, das Pferd zum Konsul zu bestellen.

Nero hat seinen Stiefbruder vergiftet, seine Mutter ermorden lassen, die Stadt Rom eigenhändig angezündet, den Brand vom Turm des Maecenas aus angeschaut, sich dabei selbst auf der Lyra begleitet, Verse vom Fall Trojas deklamiert und anschließend den Christen die Schuld in die Schuhe geschoben.

Papst Alexander VI. vögelte seine eigene Tochter und feierte christliche Feste mit ausgedehnten Orgien:

> *„Am Abend des letzten Oktobertages 1501 veranstaltete Cesare Borja in seinem Gemach im Vatikan ein Gelage mit 50 ehrbaren Dirnen, Kurtisanen genannt, die nach dem Mahl mit den Dienern und den anderen Anwesenden tanzten, zuerst in ihren Kleidern, dann nackt. Nach dem Mahl wurden die Tischleuchter mit den brennenden Kerzen auf den Boden gestellt und rings herum Kastanien gestreut, die die nackten Dirnen auf Händen und Füßen zwischen den Leuchtern durchkriechend aufsammelten, wobei der Papst, Cesare und seine Schwester Lucretia anwesend waren und zuschauten. Schließlich wurden Preise ausgesetzt, seidene Überröcke, Schuhe, Barette u. a. für die, welche mit den Dirnen am öftesten den Akt vollziehen könnten. Das Schauspiel fand hier im Saal öffentlich statt, und nach dem Urteil der Anwesenden wurden an die Sieger die Preise verteilt."*
> (Johannes Burckard, Liber notarum zum 31. Oktober 1501)

Die Reihe ließe sich endlos fortsetzen. Die Geschichtsbücher sind voller Fakes. Die Geschichtswissenschaft kann gar nicht so viele Mythen zerstören, wie sie die Geschichtsschreibung gebiert und das

Publikum begierig aufnimmt. Fast sämtliche mittelalterliche Urkunden sind nicht echt, sondern erst Jahrzehnte oder sogar Jahrhunderte nach dem angeblichen Ausstellungsdatum angefertigt, ganz einfach, weil es lange gar nicht üblich war, die getroffenen Vereinbarungen und Maßnahmen für die Nachwelt schriftlich zu dokumentieren und zu belegen. Der Publizist Heribert Illig ging sogar so weit, zu behaupten, die 297 Jahre von September 614 bis August 911 seien von den Schreibern solcher Urkunden und Berichte nachträglich komplett erfunden und haben gar nicht stattgefunden (siehe Heribert Illig, Das erfundene Mittelalter: die grösste Zeitfälschung der Geschichte, Düsseldorf 1996) Nach Illig hätten wir also heute nicht den 24. Dezember 2016, sondern erst den 24. Dezember 1719.

Nun gut. Wenn es denn so gewesen wäre, hätten sich die Schreiber von Paderborn bis ins ferne Bianjing, und zwar alle Schreiber ohne Ausnahme, einig sein müssen und in einem gigantischen gemeinsamen Werk die 297 Jahre dazuerfinden. Wenn es denn so gewesen wäre, hätten sich diese Schreiber auch Papst Leo III. und Karl den Großen und die um hübsche Fakes nicht arme Geschichte seiner Kaiserkrönung aus ihren Federkielen gesaugt.

Seit 795 fungierte Leo III. als Papst in Rom. Das Papsttum war in dieser Zeit unter den Einfluss des in diverse Fraktionen aufgesplitterten römischen Stadtadels geraten, der bei der Papstwahl ausschlaggebend war. Leo selbst stammte nicht aus dem Stadtadel, sondern hatte sich mit Fleiß und Geschick in der Hierarchie hochgearbeitet. Vor allem aber verfügte er dort über keinerlei politischen Rückhalt. Leo wurden unter anderem ein unwürdiger Lebenswandel, Ehebruch und Meineid vorgeworfen, seine Lage wurde immer prekärer. Im Frühjahr 799, als er an Bittprozession in Rom teilnahm, schlugen seine Gegner zu. In der Nähe des Klosters San Silvestro stürzte sich plötzlich ein Haufe Bewaffneter auf die Pilgernden, unter ihnen zwei hohe Verwaltungsbeamte des Papstes, Paschalis und Campulus, die auch noch mit seinem Vorgänger Hadrian verwandt waren. Diese „perversen und falschen Christen", wie sie die zeitgenössische Vatikanchronik nennt, rissen den Heiligen Vater vom Pferd, säbelten an seinen Augen herum, um ihn zu blenden, schnitten ihm die Zunge heraus und schleppten ihn in die Klosterkirche. „Sie zerfleischten ihn mit Stockschlägen", berichtet der „Liber Pontificalis" weiter, „und ließen ihn halbtot, sich im Blute wälzend, vor dem Altar zurück." Nun kann das Attentat nicht ganz so entsetzlich verlaufen sein, denn bald nahm der Papst seine Amtsgeschäfte wieder auf und predigte, als ob nichts gewesen wäre. „Ein Wunder", staunt der Liber Pontificalis.

Leo flüchtete zum Frankenkönig Karl nach Paderborn. Der gewährte dem Attentatsopfer großzügig Asyl und nutzte den schlechten Ruf seines Schützlings, um das damals schwache Papsttum noch stärker in Abhängigkeit zu bringen. Karl vereinbarte mit dem Papst, das weströmische Kaisertum wieder aus der Versenkung zu holen, wo es seit 476, als Julius Nepos vertrieben wurde, ruhte. Karl ließ Leo Ende 799 nach Rom zurückführen und begab sich im Spätsommer selbst nach Italien, Ende November erschien er in Rom. Karl demütigte den Papst, indem er ein Konzil einberief und die – offenbar keineswegs an den Haaren herbeigezogenen – Vorwürfe gegen Leo öffentlich erörtern ließ. Die Attentäter wurden zwar ins Exil geschickt, aber Leo III. mußte am 23. Dezember 800 einen sogenannten Reinigungseid leisten.

Jedenfalls war Leo auf diese Weise rehabilitiert und durfte am darauffolgenden Weihnachtsfest seinen Schutzpatron – völlig überraschend für Karl, wie uns die offizielle Chronik weismachen möchte – zum Kaiser krönen. Er rächte sich für die Demütigung, indem er nicht zuließ, daß Karl sich die Krone selbst aufs Haupt setzte, wie das in Byzanz üblich war. Leo griff zu und rief Karl zum „serenissimus Augustus a Deo coronatus" aus, zum „durchlauchtigsten, von Gott gekrönten Kaiser", auf Deutsch: Herrscher von des Papstes Gnaden. Das ganze Mittelalter hindurch sorgte Leos kleiner, feiner Racheakt für folgenschwere Konflikte.

Über die Kaiserkrönung und den Weg dorthin gibt es vier verschiedene Berichte, die allesamt so von Fakes durchzogen sind, daß es fast unmöglich ist, sich durch dieses Gestrüpp durchzuarbeiten und Klarheit über die wesentlichen Details zu gewinnen. Wenn wir heute im postfaktischen Zeitalter angekommen sind, befand man sich damals sozusagen im präfaktischen. Aber ich halte das sowieso für Quatsch, denn bei einer solchen Zeitrechnung müßte es auch irgendwann zwischendurch ein faktisches Zeitalter gegeben haben. Und das kann ich beim besten Willen nirgendwann entdecken. Der Anteil der „Fakes" innerhalb der „News" in den Geschichtsbüchern, um am Ende die Frage doch noch zu beantworten, wird irgendwo zwischen 98 und 99 Prozent liegen. Jetzt und künftig. In diesem Sinne wünsche ich der Leserschaft ein schönes, friedliches und protofaktisches Weihnachtsfest.

Samstag, 31. Dezember 2016

‹Pummpumm=Pumm !›

DER Politiker sowie Direktkandidat und Gewinner des Gaddafi-Lookalike-Bewerbs Dr. Christian Prachar aus Göttingen fragt zum Jahreswechsel gleich doppelt:

> *„Warum ist am Neujahrstag vor meiner Haustür immer so viel zerfetztes Altpapier und woher kommt der Begriff Silvester?"*

WikipeteR antwortet:

> *„Das Alter hatte den Nacken des Papstes Sylvester gebeugt. Einundzwanzig Jahre hatte er auf dem Stuhl des heiligen Petrus gesessen und ununterbrochen für das Heil der Kirche gearbeitet. Mit einer himmlischen Weisheit, die er in der Regierung der Kirche bewies, verband er eine große Liebe zu den Armen. Fünfundsechzig Bischöfe weihte und sendete er für verschiedene Bistümer. Sein Tagwerk war vollbracht; er war reif für den Himmel. Am 31. Dezember des Jahres 335 endete er sein tatenreiches Leben durch einen sanften Tod. Er wurde in dem Kirchhof der Priscilla begraben und seine einfache Grabschrift*

Ja, wenn man den Legenden Glauben schenken soll – und das muß man ja wohl in diesen postfaktischen Zeiten – dann war Papst Sylvester, dessen Namenstag wir heute mit großem Getöse feiern, schon ein echter Teufelskerl. Den Statthalter, der ihn während der Verfolgung unter Kaiser Diokletian zwingen wollte, die von ihm verwahrten Besitztümer von Christen herauszugeben, ließ er an einer Fischgräte ersticken. Er heilte Kaiser Konstantin vom Aussatz und der war ihm so dankbar dafür, daß er sich von ihm nicht nur bekehren und taufen ließ, sondern auch noch eine Urkunde ausstellte, in der er, der Kaiser, ihm, dem Papst, und seinen sämtlichen Nachfolgern „usque in finem saeculi" (bis ans Ende der Zeit!) die Oberherrschaft über Rom, Italien, die gesamte Westhälfte des Römischen Reichs und auch noch das gesamte Erdenrund mittels Schenkung übertrug und ihm das Tragen der kaiserlichen Insignien erlaubte: die sogenannte Konstantinische Schenkung. In einem Streitgespräch mit zwölf jüdischen Rabbinern siegte er gegen elf im Disput; der zwölfte, Zambri, tötete einen Stier durch die Nennung des Namens Gottes, den der Stier nicht ertragen konnte, Silvester aber konnte den toten Stier zum Leben auferwecken, worauf sich alle sofort taufen ließen. Heidnische Priester bekehrte Silvester indem er kurzerhand einen Drachen bezwang.

In Wirklichkeit war die Schenkung eine Fälschung aus der Mitte des achten Jahrhunderts und Sylvester spielte weder bei der Hinwendung Konstantins zum Christentum noch bei der Bewältigung der kirchenpolitischen und dogmatischen Auseinandersetzungen eine für seine Zeitgenossen erinnerungswürdige Rolle, im Gegenteil, er hat sich gedrückt, wo er nur konnte. Die Donatisten beschuldigten ihn, während der Verfolgungen unter Kaiser Diokletian vorübergehend vom Glauben abgefallen zu sein. Alle Sakramente, die von Priestern wie ihm gespendet wurden, seien ungültig, war ihre Linie. An der Reichssynode 314 in Arles, wo die Auseinandersetzung mit dem Donatismus geführt wurde, nahm er nicht teil. Er könne die

Apostelgräber in Rom nicht im Stich lassen. Dem 1. Konzil von Nicäa 325, bei dem es um die Auseinandersetzung mit dem Arianismus (Heilige Dreifaltigkeit!) ging, nahm er auch nicht teil, weil er (ein Jahrzehnt vor seinem Tod) angeblich schon zu alt und gebrechlich war.

Eine Heiligsprechung hat es nie gegeben, Sylvester wurde einfach so verehrt. Endgültig ins Bewußtsein gerückt wurden sein Name und sein Todestag im Jahr 1582. Da verordnete Papst Gregor XIII mit der Bulle Inter gravissimas der Welt nämlich einen neuen Kalender, der die Unstimmigkeiten des alten julianischen Kalenders durch die Einführung von Schaltjahren beseitigte und das Kalenderjahr mit dem astronomischen Jahr synchronisierte. Der Jahresanfang wurde, wie schon bei den Römern üblich, auf den 1. Januar festgelegt. Vor der gregorianischen Kalenderreform galten je nach Region verschiedene andere Jahresanfänge. In Deutschland, Skandinavien und bei den Angelsachsen war das der 25. Dezember, der Tag der Geburt Christi, in Pisa der 25. März, weil das irdische Dasein Christi schon mit der der Empfängnis beginne, in Frankreich und in Köln der Ostersonntag, der Tag der Auferstehung, nur in Münster hatte man den 1. Januar schon im Mittelalter als Jahresanfang festgelegt. Und weil der päpstlichen Bulle auch eine Liste mit den neuen Namenstagen der Heiligen beilag, die den 31. Dezember dem Hl. Sylvester zuschrieb, feiern wir seit 1582 den letzten Tag im alten Jahr als Silvester.

> : ⟨Pumm ♭⟩ – ⟨Pummpumm=Pumm ♭⟩. (Lauter kleine Pumme
> am Horizont : so pocht das Neujahr an die Forte!)
> Arno Schmidt, Die Abenteuer der Sylvesternacht

An diesem Tag besonders viel Krach zu machen, geht aber nicht auf irgendeinen Heiligen oder ein christliche Tradition zurück, sondern stammt aus uralter heidnischer Zeit. Die Germanen glaubten zum Beispiel an den bösen Kriegsgott Wotan, der nach ihrer Überzeugung in den Wintermonaten sein Unwesen trieb und in den langen Nächten um die Wintersonnenwende besonders viel Unheil anrichtete. Die Germanen zündeten Holzräder an, die sie über die Wege rollten, um den Geist mit viel Licht und Krach zu vertreiben.

Im Mittelalter lärmten die Christenmenschen dann mit Töpfen und Rasseln, die später von den sprichwörtlichen Pauken und Trompeten ersetzt wurden. Salpeterhaltige Brandsätze wurden um die Jahrtausendwende in China erfunden, Schießpulver ein wenig später. Beides wurde anfangs nur zu rituellen Zwecken zu Ehren Verstorbener eingesetzt. Über die Seidenstraße und Venedig kam dieses neumodische Feuerwerk im 14. Jahrhundert auch nach Mitteleuropa. Damals war es der höfischen Gesellschaft vorbehalten, das Zeug aus Spaß an der Freude in die Luft zu ballern, heute – im Augenblick als vorzeitige Ejakulation mit besonders widerlich lauten Polenböllern direkt vor meinem Fenster – dürfen Hinz und Kunz damit hantieren und alte Männer wie mich an den Rand des Wahnsinns treiben.

Beim „zerfetzte Altpapier" aber, um auf den ersten Teil der Frage zurückzukommen, das am Neujahrsmorgen vor der Haustüre unseres hoch verehrten Kandidaten Dr. Prachar herumflattert, handelt es sich wahrscheinlich um unverkaufte und sorgfältig zerschnittene Restexemplare verschiedener Zeitungen, Zeit- und Werbeschriften, unters Volk geworfen, damit jederfrau und jedermann daraus anonyme Falschmeldungen, Bekenner- und Erpresserbriefe basteln kann.

In diesem Sinne wünsche ich meinen treuen Leserinnen und Lesern ein möglichst lustvolles Hineingleiten in das neue Jahr und ein möglichst glückliches Durch- und Überleben desselben.

Wann ist ein Buch ein Buch?

„Wann ist ein Buch ein Buch?" – das habe ich neulich (quasi rhetorisch, mit der Stimme vom Grönemeyer Herbert im Ohr) auf Twitter gefragt. Einige, unter ihnen Hannelore Peine aus Berlin, wollen mir keine Ruhe lassen und drängen auf Antwort:

> *„Buch hin, Buch her, oder doch nur Text? Könnte das #WikipeteRfragen nicht mal ausführlich für uns Unwissende, aber Lernbegierige aufarbeiten?"*

WikipeteR antwortet:

Was mir bei dem Rummel, der heutzutage um das Buch veranstaltet wird, langsam auf den Geist geht, ist die Begriffspanscherei: Alle wollen „ein Buch schreiben". Dabei schreibt niemand ein Buch. Man schreibt einen Roman, eine Erzählung, eine Kurzgeschichte, eine Novelle, einen Essay, eine Biographie, ein Gedicht, eine Dissertation oder irgendeinen anderen Sachtext, aber kein Buch. Das Buch ist bloß das Medium, in dem dieser Text veröffentlicht wird. Man könnte einen Roman genauso gut auf einer Webseite veröffentlichen, auf einer Rolle Klopapier, von der die einzelnen Kapitel abzureißen wären, oder auf gegerbten Tierhäuten, ein Gedicht auf den Penis tätowieren, auf Baumscheiben brennen oder mit Hilfe von Spiritcarbonmatritzen hektographieren und von Hochhäusern in Straßenschluchten werfen, das Buch ist in den meisten Fällen nur die für die Leser bequemste Herausgabeform, das in fast beliebiger Auflage reproduziert werden und deshalb die weiteste Verbreitung erfahren kann.

„mehrere blätter machen ein buch", erklären Jacob und Wilhelm Grimm im 2. Band, Spalte 467 ihres Deutschen Wörterbuches und führen das deutsche Wort „Buch" auf die Sitte unserer germanischen Vorfahren zurück, ihre Texte auf Tafeln, Bretter und Stäbe aus Buchenholz zu ritzen. Auch Griechen und Römer haben dünne Holztafeln beschrieben, übereinandergestapelt und mit Scharnieren aus Schnüren verbunden. Hauptsächlich haben sie aber Blätter aus

Pergament oder Papyrus einseitig beschrieben, hintereinander zu langen Bahnen zusammengeklebt und gerollt aufbewahrt. Erst im ersten nachchristlichen Jahrhundert begann man, Bögen aus Pergament und Papyrus zu falten, in Lagen zu schichten, mit dem Falz an Buchrücken zu nähen und mit einem meist aus Holzdeckeln bestehenden Einband fest zu verbinden. Die Blätter konnten beidseitig beschrieben werden und ermöglichten so Materialersparnis. Das Buch in der im Großen und Ganzen heute noch gebräuchlichen Form war geboren.

Im vierten Jahrhundert hatte diese Kodex genannte Buchform die Schriftrolle fast vollständig verdrängt, im 11. Jahrhundert gelangte Papier als Schreibmaterial nach Europa und verdrängte Pergament und Papyrus. Mit der Erfindung des Buchdrucks mittels beweglicher Lettern aus Metall Mitte des 15. Jahrhunderts kam dann der endgültige Durchbruch des Buches als Massenmedium. Zwar kannte man in China schon Jahrhunderte vor Gutenberg den Buchdruck mit beweglichen Lettern aus Ton – in Korea auch schon aus Metall -, die Verfahren erlaubten aber keine hohen Auflagen und wurden wenig genutzt.

Heute, 560 Jahre nach Gutenbergs Erfindung regiert das Buch, obwohl bei seiner Herstellung inzwischen Offset- und Digitaldruck den Buchdruck mit auswechselbaren Lettern weitgehend abgelöst haben, weiter unser Bewußtsein, und zwar so sehr, daß wir sogar die papierlosen Veröffentlichungen in Dateiform, die wir mit Hilfe spezieller Anwendungen nur auf Bildschirmen lesen können, E-Books nennen, und alle, die an einem längeren Text sitzen, der zur Veröffentlichung bestimmt ist, „ein Buch schreiben".

Die Botschaft und das Medium, in dem sie transportiert wird, werden in eins gesetzt und nicht mehr unterschieden. Wir reihen aber nach wie vor nicht einfach Zeichen zu Wörtern, Wörter zu Sätzen, Sätze zu Absätzen und Absätze zu Kapiteln aneinander und quetschen sie zu einem Buch zusammen, wir schreiben weiter sehr verschiedene Sorten von Texten, Romane, Erzählungen, Gedichte, Gebrauchsanweisungen, die in sehr verschiedenen Medien, Buch,

Zeitung, Flyer, Webseite veröffentlich werden können, und nur in einem Fall schreiben wir tatsächlich ein Buch, dann nämlich, wenn wir ein Tagebuch führen. Aber das ist wiederum nicht zur Veröffentlichung bestimmt.

Diese Kolumne, an der ich gerade als WikipeteR schreibe, soll noch heute abend auf der Seite des Kreisverbandes Göttingen der Partei Die PARTEI veröffentlicht und in meinem Werkstatt-Blog archiviert werden. In naher Zukunft sollen alle Kolumnen gesammelt als gedrucktes Buch und auch als E-Book herausgegeben werden. Schreibe ich jetzt auch ein Buch oder bleiben es doch weiter Kolumnen? Na?

Was soll der Quatsch?

Hans Mentz a.D. @humorkritik verabschiedet sich von Twitter & Satire & dem ganzen Rest und fragt:

> „*#WikipeteRfragen*, die *Rheinische* Universalfrage: Was soll der Quatsch? ... Im trumpisierten Twitterversum ist für mich kein Platz, mir bleibt nach dem Brexit das Lachen im Halse stecken und das europäische Haus, von dem vor ein paar Jahren noch fabuliert wurde, hat sich unangenehme Türsteher von SVP, FPÖ, FN, PIS, Fidesz, und ab September dann auch AfD eingeladen. Die Frage für die, die dableiben: was kann *denn da noch Satire?*“

WikipeteR antwortet:

Bevor wir die Frage beantworten können, was der Quatsch soll, was er konnte und was er noch kann, müssen wir uns erst einmal anschauen, was das überhaupt ist, dieser ominöse Quatsch. Und da können uns, wie immer in solchen Fällen, die Gebrüder Grimm mit ihrem Deutschen Wörterbuch ein gehöriges Stück weiterhelfen:

quatsch , ein ähnliches schallwort wie knatsch,

matsch, patsch mit anlehnung an lautlich verwandtes.

1) interj. quatsch! da lag er in der pfütze u. dgl.

2) der quatsch.

a) quatschender laut: wenn man nasse wäsche

hinwirft, thut es einen quatsch u. dgl. Vilmar

308.

b) breiartige quatschende, quappelige masse,

straszenkoth u. dgl. (vgl. koth I, 9), nd. und md.

Schambach 164a. Danneil 133a. Schmidt westerw.

id. 153. Kehrein volksspr. in Nassau 1, 316.

Albrecht Leipziger mundart 188a. Weinhold

schles. wb. 74b; auch schwäb. quatsch, quätsch

Schmid 418.

c) unverständliches gerede, geschwätz Albrecht

und Weinhold a. a. o. (vgl. quatschen 3):

die erste zeit, o welche pein!

fand in den quatsch (sprache der Franzosen) mich

nicht hinein.

Ditfurth volksl. VI. 109, 3.

d) persönlich ein breitmauliger schwätzer Kehrein

a. a. o., die quatsch, ein wolbeleibtes frauenzimmer

Hennig preusz. wb. 213; bair. die

quoutsch, person die im gehen wie eine ente

wackelt Schm.2 1, 1398, s. quatschen 1 und quetschen

1, 2.

3) adjectiv, albern (s. 2, d) Albrecht a. a. o.,

närrisch, verdreht Fromm. 5, 160 (mundart in

und um Fallersleben).

(Jacob und Wilhelm Grimm, Deutsches Wörterbuch, Band 13,
Spalte 2333)

So gesehen können wir quasizirkabollemaßen jedes beliebige Phänomen in diesem Universum als Quatsch betrachten. Definieren
wir Quatsch als stinkenden Straßenkot fallen die gesamten ökono-
mischen, gesellschaftlichen und politischen Verhältnisse zumindest

der Vergangenheit und der Gegenwart darunter, definieren wir
Quatsch als unverständliches Geschwätz kommen auch noch sämtliche Äußerungen sowohl der Befürworter als auch der Gegner dieser Verhältnisse dazu. Ich will mich hier aber auf den Quatsch be-
schränken, den die Kritiker der herrschenden Verhältnisse veran-
stalten und von sich geben, insbesondere auf den uneigentlich ge-
meinten.

Vor genau 50 Jahren sah es in der Welt auch nicht viel besser aus
als heute. Der Vietnamkrieg wurde schon seit 12 Jahren von den
USA geführt und ein Ende nicht absehbar. Lyndon B. Johnson war
Präsident der USA, Ronald Reagan seit 11 Tagen Gouverneur von
Kalifornien, LSD war gerade verboten worden. In der Bundesrepublik Deutschland regierte die erste Große Koalition unter dem
ehemaligen NSDAP-Mitglied Kurt Georg Kiesinger und bereitete
die Notstandsgesetze vor. Gegen all das entwickelte sich in der gesamten westlichen Welt ein außerparlamentarischer Widerstand.

In San Francisco veranstaltete man auf den Tag genau vor 50 Jahren, am 14. Januar 1967, gegen das Gemetzel in Vietnam und anderswo, gegen Unterdrückung, Ungerechtigkeit und den ganzen
etablierten Quatsch im Golden Gate Park ein Human Be-In ge-
nanntes Happening und proklamierte Love & Peace & Happiness
als Gegenquatsch, äh, Gegenkultur. Michael Bowen, Allen Gins-
berg, Gary Snyder, Dick Gregory, Lawrence Ferlinghetti, Jerry Ru-
bin, Timothy Leary, Jefferson Airplane, Santana, The Steve Miller
Band und Grateful Dead, alle kamen, predigten und spielten. Auf
einer Pressekonferenz zuvor hatten die Organisatoren Haschisch-
plätzchen an die Journalisten verteilt und angekündigt:

> *„Die politischen Aktivisten aus Berkeley und die Generation*
> *der Liebe aus Haight-Ashbury werden sich mit anderen Ange-*
> *hörigen der Neuen Nation zusammenschließen. Die Jugend*
> *wird sich beraten, gemeinsam feiern und das Zeitalter der Be-*
> *freiung, der Liebe, des Friedens, des Mitgefühls und der Einheit*
> *der Menschen verkünden."*
>
> *„Das Private ist politisch"*

Unter dieser Parole setzten zwei Tage vor dem Human Be-In die Kommunarden der Kommune 1 in Westberlin ein Ausrufezeichen. Dieter Kunzelmann, Rainer Langhans, Ulrich Enzensberger, Fritz Teufel sowie Dagmar Seehuber und Dorothea Ridder besetzten eine Dachwohnung in der Niedstraße in Friedenau, die dem Schriftsteller Uwe Johnson gehörte, und richteten dort ihr Matratzenlager ein: Geburts- und Brutstätte der antiautoritären Bewegung mit gewaltiger Wirkung. Eine ganze Generation, meine Generation, wurde „politisiert", wie man das nannte. In der Kommune 1 war das Privateigentum abgeschafft, die Klotüren ausgehängt, mit dadaistischem Aktionstheater und gewaltverherrlichenden Flugblättern wurden der Staat und seine Autoritäten lächerlich gemacht. Dieter Kunzelmann, warf während einer Gedenkveranstaltung aus einem Sarg heraus Flugblätter in die Menge, Fritz Teufel trat mit Eisenkugel am Fuß und Büßerhemd eine Haftstrafe an, bei der Haftentlassung trug er einen Adventskranz auf dem Kopf, bei einer Verhandlung wurden Kothaufen vor dem Richtertisch gesetzt, vom Dach der Gedächtniskirche Mao-Bibeln in die Menge geworfen. Der größte Coup war das angebliche Attentat auf den US-Vizepräsidenten Hubert Humphrey im April 1967. Die Behörden reagierten mit Festnahmen und die Presse mit einer heute unvorstellbaren Hysterie – bis sich herausstellte, daß die Bomben mit Puddingpulver, Joghurt und Mehl gefüllte Tüten waren: Die Polizei war blamiert, die Kommune weltweit in den Zeitungen. Sehr grenzwertig war das Flugblatt Nr. 7 vom 24. Mai 1967 „Warum brennst du, Konsument?":

> *„Unsere belgischen Freunde haben endlich den Dreh raus, die Bevölkerung am lustigen Treiben in Vietnam zu beteiligen: sie zünden ein Kaufhaus an, zweihundert saturierte Bürger beenden ihr aufregendes Leben, und Brüssel wird Hanoi. [...] Wenn es irgendwo brennt in der nächsten Zeit, wenn irgendwo eine Kaserne in die Luft geht, wenn irgendwo in einem Stadion die Tribüne einstürzt, seid bitte nicht überrascht."*

Auch der Schreiber dieser Zeilen wurde vom Treiben der Kommunarden angesteckt und inspiriert: Am Rande einer Demonstration gegen die Notstandsgesetze ließ er sich von Manni K. filmen, wie er unbeteiligte Passanten eng umtanzt und ihnen mit hoher Stimme „Ich bin verrückt, ich bin verrückt, ich bin verrückt ...“ ins Ohr flötet.

Als dann am 2. Juni 1967 bei den Protesten gegen den Schah-Besuch der Student Benno Ohnesorg von einem Polizisten erschossen wurde, war es mit der Leichtigkeit der antiautoritären Bewegung vorbei. Die Kommune 1 wurde immer unpolitischer und zog in eine Fabriketage in den Wedding um, wo es fast nur noch um Sex und Drogen ging. Viele Rebellen, unter ihnen der Schreiber dieser Kolumne, radikalisierten sich und wanderten immer weiter nach links. Andere begannen mit dem geordneten Rückzug, den sie „Marsch durch die Institutionen“ nannten, ein Teil der ehemaligen Spaßguerilla verzweifelte und landete bei der echten Stadtguerilla und bei den Terroristen der RAF. Und die Hippies in San Francisco? Enttäuscht davon, daß ihr Lebensstil und ihre Ideale so schnell vermarktet wurden, verließen einige der wichtigsten Protagonisten die Stadt. Schon im Oktober 1967 trug man die Flower-Power-Bewegung mit einem festlichen Umzug wieder symbolisch zu Grabe.

Einen ganz kurzen Moment in der Geschichte, ein paar Monate nur, lieber Hans Mentz a.D., in den frühen Aktionen der Kommunarden, schien der Quatsch, den wir Satire nennen, etwas zu können, und die Antwort auf die Frage „Was soll der Quatsch?“ hätte gelautet: „Er soll die Welt verändern.“ Aber ob die Macht aus den Gewehrläufen kommt, wie Mao Tse Tung behauptet, oder aus der Ökonomie, wie Karl Marx bei der Kapitalanalyse herausgefunden haben will, ist gleichgültig, die Satire kann gegen beide nicht anstinken und die schönste anarchisch-dadaistische Aktion auch nicht. Mit beidem kann man nur Schlaglichter auf die Wirklichkeit werfen und helfen, die Welt so zu erkennen, wie sie ist. Wenn uns unser durchkommerzialisiertes Leben und das andauernde Gemetzel allüberall den Blick nicht sowieso hoffnungslos verstellen. Vielleicht hilft es auch ein wenig, wenn wir versuchen, Politik nicht allzu verbissen zu betreiben, sondern mit den Mitteln der Satire.

Das könnte Satire auch heute noch, lieber Mentz. Oder doch nicht? Wer weiß?

Verbieten?

Irmi aus Stuttgart fragt:

> *„Was geschieht / kann geschehen, wenn Parteien verboten werden? Was lehrt uns die Geschichte?"*

WikipeteR antwortet:

> *„Freiheitliche demokratische Grundordnung ... ist eine Ordnung, die unter Ausschluss jeglicher Gewalt- und Willkürherrschaft eine rechtsstaatliche Herrschaftsordnung auf der Grundlage der Selbstbestimmung des Volkes nach dem Willen der jeweiligen Mehrheit und der Freiheit und Gleichheit darstellt. Zu den grundlegenden Prinzipien dieser Ordnung sind mindestens zu rechnen: die Achtung vor den im Grundgesetz konkretisierten Menschenrechten, vor allem vor dem Recht der Persönlichkeit auf Leben und freie Entfaltung, die Volkssouveränität, die Gewaltenteilung, die Verantwortlichkeit der Regierung, die Gesetzmäßigkeit der Verwaltung, die Unabhängigkeit der Gerichte, das Mehrparteienprinzip und die Chancengleichheit für alle politischen Parteien mit dem Recht auf verfassungsmäßige Bildung und Ausübung einer Opposition."*

So haben wir es gelernt: diese „freiheitliche demokratische Grundordnung" als Quintessenz unserer Verfassung, als der Heilige Gral unserer „wehrhaften Demokratie", von „diesem unseren Land" eingesogen mit der Muttermilch des Grundgesetzes. Als dieses unser Grundgesetz 1949 in Kraft trat, wurde die „freiheitliche demokratische Grundordnung" lediglich an zwei Stellen erwähnt. Ohne nähere Ausführungen. Im Artikel 18 „verwirkt diese Grundrechte", wer sie „zum Kampfe gegen die freiheitliche demokratische Grundordnung mißbraucht", im Artikel 21 wird festgelegt, „Parteien, die nach ihren Zielen oder nach dem Verhalten ihrer Anhänger darauf ausgehen, die freiheitliche demokratische Grundordnung zu beeinträchtigen oder zu beseitigen oder den Bestand der Bundesrepublik Deutschland zu gefährden, sind verfassungswidrig." Definiert wurde die „freiheitliche demokratische Grundordnung" erst 1952 im Verbotsurteil gegen die Sozialistische Reichspartei, maßgeschneidert, um auf der Grundlage dieser Definition (wörtlich oben im Eingangszitat) die SRP und vier Jahre später die KPD überhaupt verbieten zu können.

Mitglieder (ca. 40.000), Wähler (1951 11% in Niedersachsen) und Parteiprogramm (zum Beispiel „Notwendigkeit" einer „Lösung der Judenfrage") hatte die SRP zum größten Teil von der NSDAP übernommen, die Schwelle für das Verbot wurde nicht besonders hoch angesetzt:

> *„Erreicht die Abkehr von demokratischen Organisationsgrundsätzen in der inneren Ordnung einer Partei einen solchen Grad, daß sie nur als Ausdruck einer grundsätzlich demokratiefeindlichen Haltung erklärbar ist, dann kann, namentlich wenn auch andere Umstände diese Einstellung der Partei bestätigen, der Tatbestand des Art. 21 II GG erfüllt sein."*

Beim Verbot der KPD – 78.000 Mitglieder, 5,7% bei der Bundestagswahl 1949, nur noch 2,2% 1953, aber neun Millionen Nein-Stimmen gegen die Remilitarisierung bei der (1951 verbotenen) Volksbefragung gesammelt – machte man es sich mitten in der Debatte um die Wiederbewaffnung und die entsprechende Grundgesetzänderung nicht ganz so einfach.

> *„Eine Partei ist nicht schon dann verfassungswidrig, wenn sie die obersten Prinzipien einer freiheitlichen demokratischen Grundordnung (vgl. BVerfGE 2, 1 [12 f.]) nicht anerkennt; es muß vielmehr eine aktiv kämpferische, aggressive Haltung gegenüber der bestehenden Ordnung hinzukommen."*

Mit dem Urteil im NPD-Verbotsverfahren am letzten Dienstag hat das Bundesverfassungsgericht die Hürde noch einmal ein Stück höher gelegt.

> *„Dass dadurch eine konkrete Gefahr für die durch Art. 21 Abs. 2 GG geschützten Rechtsgüter begründet wird, ist nicht erforderlich. Allerdings bedarf es konkreter Anhaltspunkte von Gewicht, die einen Erfolg des gegen die freiheitliche demokratische Grundordnung oder den Bestand der Bundesrepublik Deutschland gerichteten Handelns zumindest möglich erscheinen lassen."*

Ein Parteiverbot ist nach diesen Kriterien erst möglich, wenn der Umsturz praktisch vor der Tür steht. Und das ist auch gut so. Die Erfahrungen aus den beiden einzigen Parteiverboten in der Geschichte der Bundesrepublik Deutschland haben gezeigt, daß die politischen Strömungen, aus denen heraus sich diese Parteien gebildet haben, sich mit Parteiverbot und juristischer Verfolgung weder verbieten noch bekämpfen lassen, weil Verbote an den gesellschaftlichen Verhältnissen nichts ändern, aus denen diese Strömungen hervorgehen.

Die SRP löste sich kurz vor dem Verbotsurteil in voreilendem Gehorsam selbst auf. Nach dem Verbot versuchte man mehrmals, Ersatzorganisationen zu gründen, die aber allesamt frühzeitig von den in den alten Vorstand eingeschleusten V-Leuten des Verfassungsschutzes aufgedeckt wurden und daran scheiterten. Schließlich erwies sich die nicht so offen nationalsozialistische, eher nationalkonservativ ausgerichtete Deutsche Reichspartei als geeignetes Sammelbecken für ehemalige SRP-Mitglieder. Als sich 1964 die NPD gründete, zugelassen wurde und erste Erfolge bei Landtagswahlen erzielte, hatte die DRP ihren Zweck erfüllt und löste sich 1965 auf. Wesentlich härter als die SRP-Nazis wurden die KPD-Mitglieder nach dem Verbot verfolgt. Noch am Tag der Urteilsverkündigung wurden alle Parteibüros polizeilich geschlossen, das Parteivermögen, Immobilien, Druckereien und 17 Zeitungen beschlagnahmt sowie 33 Funktionäre festgenommen. Teile der Führungsspitze hatten sich allerdings schon vor der Urteilsverkündigung vorsorglich in die DDR abgesetzt. Es folgten 125.000 bis 200.000 (je nach Quelle) Ermittlungsverfahren und 7.000 bis 10.000 Verurteilungen. Auch wenn es nicht zu einer Verurteilung kam, bedeutete allein das Verfahren für viele Entlassung und dauernde Arbeitslosigkeit, weil nach der damaligen Rechtslage schon der Verdacht einer Straftat ein Kündigungsgrund war. Verurteilt wurden unter anderem auch viele Kommunisten, die schon im Dritten Reich lange Jahre in Zuchthäusern und Konzentrationslagern verbringen mußten, und Menschen, denen zwar keine Verbindungen zur KPD vor oder nach dem Verbot nachgewiesen werden konnte, die aber einzelne Programmpunkte teilten oder Kontakte in die DDR hatten. Ein Teil der Mitglieder führte die politische Arbeit mit Unterstützung aus der DDR trotz des Verbots offen oder in Tarnorganisationen weiter und riskierte erneute Hausdurchsuchungen, Festnahmen und Verurteilungen. Einige der Funktionäre, die in die DDR geflohen waren, kehrten konspirativ zurück.

> *„Hier ist der Deutsche Freiheitssender 904 – der einzige Sender der Bundesrepublik, der nicht unter Regierungskontrolle steht."*

Mit den ersten Takte des Hauptthemas von Beethovens Ode an die Freude und diesen Worten meldete sich am Abend des 17. August 1956, dem Tag des Verbotsurteils, auf Mittelwelle Burg 904 kHz der Sender DFS 904, die propagandistische Antwort der DDR auf das KPD-Verbot. Mit seiner Mischung aus durchsichtigen Propagandanachrichten, populärer Musik, die damals auch von den westlichen Radiosendern nur spärlich gespielt wurde, und den „Eidechsen", verschlüsselten Kurznachrichten („Achtung, Achtung! Wir rufen Kaffeekränzchen. Der Kuchen ist angebrannt.") für Agenten und Genossen, wie wir annahmen, besaß dieser Sender Unterhaltungswert und genoß Mitte der 1960er Jahre bei uns Westjugendlichen einen gewissen Kultstatus.

Die Zeitungen und Druckereien der KPD waren zwar samt und sonders beschlagnahmt, die Partei hatte aber schon 1953 zumindest für den hohen Norden der Republik für Ersatz gesorgt. Ernst Aust, bis dahin Redakteur der Hamburger Volkszeitung, übernahm im Parteiauftrag die Zeitschrift „Blinkfüer, Wochenzeitung der Bewegung zur Befreiung Helgolands". Das Blatt bestach durch eine bildzeitungsähnliche Mischung aus Meinungsmache („Bundeswehr unerwünscht!", „DDR anerkennen!") und absurder Unterhaltung („Hahn zeugte Ente") und geriet bundesweit in die Schlagzeilen, als der Springer-Konzern nach dem Mauerbau zum Boykott aufrief. Der Axel-Springer-Verlag und der Verlag der Welt forderten die Hamburger Zeitungshändler auf, keine Zeitungen mehr zu verkaufen, die „ostzonale Rundfunk- und Fernsehprogramme" abdruckten. Um der Forderung Nachdruck zu verleihen, drohten Springer und Welt, sie müssten sonst gegebenenfalls die Geschäftsbeziehungen zu diesen Händlern abbrechen. 1969 entschied das Bundesverfassungsgericht gegen Springer: „Das Ziel der Pressefreiheit, die Bildung einer freien öffentlichen Meinung zu erleichtern und zu gewährleisten, erfordert deshalb den Schutz der Presse gegenüber Versuchen, den Wettbewerb der Meinungen durch wirtschaftliche Druckmittel auszuschalten." Zu diesem Zeitpunkt hatte Ernst Aust schon nicht mehr beim „Blinkfüer". Er hatte sich von der KPD abgewandt, seine eigene Zeitung, den „Roten Morgen", und seine eigene Partei, die KPD/ML, gegründet.

Das KPD-Verbot sei „exemplarisch notwendig" und dabei „rechtsstaatlich gebändigt" gewesen, eine Wiederzulassung, wie die KPD sie forderte, sei unmöglich, da sie direkt in die Gewaltenteilung eingreife, das war die übereinstimmende Ansicht aller damals im Bundestag vertretenen Parteien. Die Große Koalition wollte aber das Verhältnis zur DDR verbessern und die Arbeit von Kommunisten in der Bundesrepublik wieder legalisieren. Den bittstellenden Funktionären der KPD schlug Justizminister Gustav Heinemann deshalb eine Neugründung als Ausweg vor. Der Vorschlag wurde angenommen und im September 1968 die Deutsche Kommunistische Partei gegründet, die bis heute besteht, aber unbedeutend geblieben ist. Die Lage hatte sich nämlich gewaltig geändert. Die meisten jungen Linken orientierten sich 1968 an der antiautoritären außerparlamentarischen Bewegung. Viele, die sich als Kommunisten verstanden, hielten die DKP als zu weichgespült und moskauorientiert. Deshalb wurden zu dieser Zeit auch ein gutes Dutzend andere kommunistische Parteien und Organisationen gegründet, die sich als „Marxisten-Leninisten" verstanden und ihre Linie an China und Mao Tse Tung ausrichteten, zum Beispiel Silvester 1968 die von Ernst Aust geführte KPD/ML und schon im April 1967 die Erstgeborene, die Freie Sozialistische Partei (Marxisten-Leninisten). „Stalinisten und Bundesverfassungsschützler Hand in Hand" ist ein Bericht von der Gründungskonferenz der FSP/ML überschrieben, auf der es ziemlich turbulent hergegangen sein muß.

> *„Vielleicht 50 bis 70 Anwesende, vorzugsweise aus der KPD gekommene DFU-Anhänger, waren gekommen. [...] Tumultartige Szenen gab es, nur zum Stören und Zwietrachtsäen waren die DFU-KPD-Anhänger gekommen, was sie auch fast vollkommen erreichten, womit sie ihre 'demokratische Gesinnung' wieder klar unter Beweis gestellt hatten, auch dem Bundesverfassungsschutz, der doch bei diesen und ähnlichen Veranstaltungen massig vertreten ist."*

Die Tumulte führten zur Auflösung der Versammlung. Die KPD-Anhänger zogen ab. Nach dem Mittagessen wurden dann von einem kleineren Gremium, etwa 15 Leute, die Partei tatsächlich gegründet. Nach dem Bericht, aus dem ich hier zitiere, war nicht nur der Leiter der Vormittagsversammlung ein bekannter Verfassungsschützer, auch die gesamte KPD nebst der DFU soll vom Verfassungsschutz durchsetzt gewesen sein. Das paßt zu dem, was mir Genossen sechs Jahre später über diese Parteigründung erzählten. Danach hätten im ersten ZK der FSP/ML neben dem Wirt des Parteilokals unter anderem auch zwei Verfassungsschützer gesessen. Mangels Masse.

Ich kann das nicht nachprüfen, aber warum soll es der Linken anders ergangen sein und anders ergehen als der Rechten, 1952 der SRP und heute der NPD? Der Verfassungsschutz beobachtet nicht nur, er spielt aktiv mit und erhält Parteileichen am Leben. Die Verfassungsschützer brauchen Verfassungsfeinde als Arbeitsbeschaffungsprogramm und zur eigenen Existenzberechtigung.

Beide bisherigen Parteiverbote, das der SRP 1952 und das der KPD 1956, haben gegen die zugrundeliegenden politischen und weltanschaulichen Auffassungen nichts ausrichten können, im Gegenteil. Verbote züchten erst die Märtyrer und Helden, die vor allem fundamentaloppositionelle Bewegungen brauchen, um attraktiv zu sein. Nichts anderes hätte ein Verbot der NPD bewirkt.

Parteiverbote treiben in den Untergrund und verhindern eine offene Auseinandersetzung. Wer nach Verboten schreit, drückt damit eine gewisse Hilflosigkeit aus. So wenig Vertrauen in die Kraft der eigenen Argumente, Leute? Die Wahrheit ist nicht auf der Seite der Faschisten, oder haben Sie etwa Zweifel daran? Die Lüge nur zu unterdrücken, statt sie zu bekämpfen, verhilft ihr, zu überleben.

Freitag, 27. Januar 2017

Einhorn

Christian Dingeskirchen aus Scharzfeld fragt:

> *„Lieber WikiPeter, kann man aus dem Horn eines Einhorns ein Trinkhorn machen und wenn ja schmeckt das Bier daraus besser?"*

WikipeteR antwortet:

Blut, Met, vergorene Stutenmilch und Kräuterschnäpse munden bekanntlich aus Tiergehörn besonders gut, aber leider vertragen sich die Keratin-Aminosäureketten, die sich rechts- und linksgängig zu Horn-Protofibrillen ineinander lagern, nicht so gut mit Bierhefen. Deshalb nimmt man dieses Getränk besser aus Glasgefäßen zu sich. Außerdem ist das Horn eines Einhorns viel zu groß, um daraus zu trinken.

1663 wurde im Nordharz das Skelett eines Einhorns ausgegraben. Sowohl der Magdeburger Bürgermeister und Begründer der Vakuumtechnik Otto von Guericke 1672 in „Experimenta Nova (ut vocantur) Magdeburgica de Vacuo Spatio" als auch der hannöversche Universalgelehrte Gottfried Wilhelm Leibniz 1691 im Manuskript seiner „Protogaea oder Abhandlung von der ersten Gestalt der Erde und den Spuren der Historie in den Denkmalen der Natur" beschreiben das Horn übereinstimmend als knapp drei Meter lang und schienbeindick:

> *„Es trug sich auch in eben diesem Jahre 1663 in Quedlinburg zu, dass man in einem beim Volke Zeunickenberg genannten Berge, wo Gipssteine gebrochen werden, und zwar in einem von dessen Felsen das Gerippe eines Einhorns fand, mit dem hinteren Körperteil, wie dies bei Tieren zu sein pflegt, zurückgestreckt, bei nach oben erhobenem Kopfe auf der Stirn nach vorn ein langgestrecktes Horn von der Dicke eines menschlichen Schienbeins tragend, im entsprechenden Verhältnis hierzu etwa 5 Ellen in der Länge."*

Leibniz hat seiner Beschreibung des Fundes noch eine Zeichnung „Figura sceleti prope Quedlinburgum efossi" beigefügt.

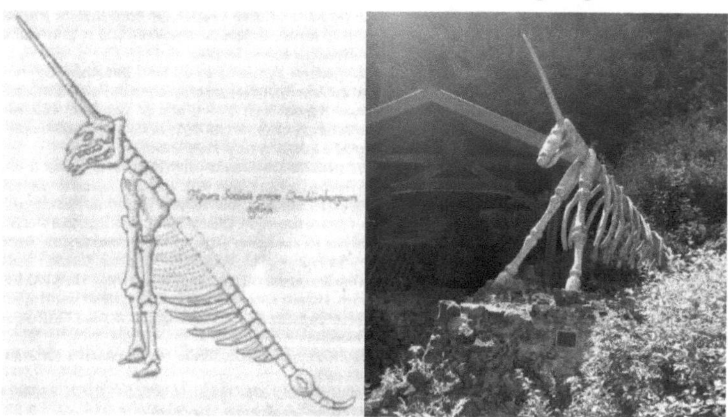

Der einzig bisher bekannt gewordene Knochenfund verweist also die Pferde- beziehungsweise Gazellenähnlichkeit des Einhorns ins Reich der Legende respektive Phantasie. Besucher der Einhornhöhle bei Scharzfeld im Harz können sich selbst ein Bild von der wahren Einhorngestalt machen. Vor dem Höhleneingang ist ein 1:1-Modell des 1663 gefundenen Skeletts aufgebaut.

Mit ihrem bis zu dreißig Meter hohem Lockergesteinsediment ist die Scharzfelder Höhle einer der fossilienreichsten Orte der Welt mit den besten Bedingungen für eine ausgezeichnete Konservierung von Knochen und Zähnen. Die ganzjährige Durchschnittstemperatur liegt wie in einem Kühlschrank bei 5,3° C. Der Boden ist so kalkreich, daß den Knochen nicht wie im normalen Erdreich üblich der Kalk entzogen wird und eine Demineralisierung über Jahrtausende nicht stattfindet. Ein 100.000 Jahre alter Knochen kann durch diese Umstände den gleichen Erhaltungszustand vorweisen wie der eines vor einem halben Jahr oberirdisch verendeten Tieres. Über Jahrhunderte wurde die Einhornhöhle vor allem wegen der hervorragenden Qualität und medizinischen Wirksamkeit der Fossilien von Knochenräubern heimgesucht. Die geraubten Knochen wurden zu Pulver zermahlen und als „unicornu fossile" (gegrabenes Einhorn) bzw. des höheren Preises wegen als „unicornu verum" (echtes Einhorn) verkauft.

„Endlich wird das so genannte unicornu fossile oder gegrabenes Berg=Einhorn auch in dieser Scharzfelsischen Hölen gefunden, bey weiten aber nicht mehr in solcher Menge als vor diesen, da es darinnen von denen Benachbarten vielfältig ausgegraben, und von denselben, darunter noch einige anjezo am Leben, unter andern meinem seligen Vater Johann Henning Behrens, weyland E. E. Raths=Apothecker allhier, häufig zu Kauffe gebracht wurde, als welcher solches nicht allein vor die von E. E. Rathe gepachtete Apothecke behielt, sondern auch an andere Oerter, da solches nicht gegraben wird, versendete, und daselbst denen Herren Apotheckern und Materialisten wieder verhandelte."
Georg Henning Behrens, Hercynia Curiosa oder Curiöser Harz-Wald. Das ist Sonderbahre Beschreibung und Verzeichnis derer curiösen Hölen, Seen, Brunnen, Bergen und vielen anderen an und auf dem Harz vorhandenen Denckwürdigen Sachen, mit unterschiedenen nützlichen und ergetzlichen medizinischen, physikalischen und historischen Anmerkungen denen Liebhabern solcher Curiositäten zur Lust herausgegeben, Nordhausen 1703

Das Einhornpulver galt im späten Mittelalter und in der frühen Neuzeit quasi als Allheilmittel und war bis ins 18. Jahrhundert hinein bei den Patienten so beliebt wie heute etwa die Globuli. So ließ Graf Albrecht von Mansfeld am 17. Februar 1546 um neun Uhr abends, sechs Stunden vor dessen Tod Martin Luther seinen Arzt eine Portion Einhorn in einem Löffel Wein als Schlafmittel eingeben. Das „unicornu fossile" hatte als Medikament einen so guten Ruf, daß das Einhorn schlechthin zum Symbol der Pharmazie wurde. Viele Apotheken im Harzvorland, so in Goslar, Nordhausen und Bad Lauterberg, tragen noch heute die Bezeichnung „Einhorn-Apotheke". Auch der Eingangsbereich der 250-jährigen Universitätsapotheke am Markt in Göttingen wird nach wie von einer reliefartigen Einhornabbildung geziert. Doch auch schon damals war niemand vor Fälschungen sicher.

> *„Einen sonderlichen Geruch mercket man an dem unicornu minerale gemeiniglich nicht, doch trifft man einiges an, so ziemlich lieblich nach Quitten und andern Sachen riechet, und ist zu glauben, daß dasselbe solchen angenehmen Geruch von einem wohl riechenden bitumine bekommen habe, indem das steinichte Wasser in der Erde eine solche bituminosische Ader angetroffen davon etwas auffgelöset, und nach der Materie des gegrabenen Einhorns geführet hat. Ebenfalls hat dasselbe auch keinen mercklichen Geschmack nicht, und wird man bey demselben leichtlich keinen andern Geschmack, als an einer Kreide ist, antreffen. Zur Arzney wird das weisse vor das beste gehalten, und am meisten gesucher, welches aber auch rar und nicht so gemein als das andere ist; derowegen sich etliche sehr bemühen, durch Kunst auff gewisse Art dem grauen schwarz und gelblichten eine weisse Farbe zuwege zu bringen, da es doch die weisse nicht alleine thut ..."*
>
> (Georg Henning Behrens, Hercynia Curiosa oder Curiöser Harz-Wald, 1703)

Die Fälschungen überschwemmten den Markt. Gleichzeitig ließ das Publikumsinteresse an dem Wundermittel stetig nach. Die Preise verfielen im gleichen Maß und gegen Ende des 18. Jahrhunderts lohnte es sich nicht mehr, nach Einhornknochen zu graben. Universalgelehrte und Forscher (Gottfried Wilhelm Leibniz, Johann

Wolfgang von Goethe, George de Cuvier, Johann Friedrich Blumenbach, Rudolf Virchow, Karl Hermann Jacob-Friesen) sowie Touristen (Herzog Christian Ludwig von Braunschweig-Lüneburg, alle hannoverschen Könige des 19. Jahrhunderts, Hinz & Kunz seit 1904) lösten die Fossilienräuber ab. Die Knochenfunde wurden nun nicht mehr zermahlen und zu Medikamenten verarbeitet, sondern von Paläontologen wissenschaftlich untersucht.

In ihrer wahren Gestalt passen Einhörner in keinen Stall und erst recht nicht in eine Wohnung. Man kann kaum auf ihnen reiten. Ihr Gehörn ist wegen seiner Ausmaße als Trinkgefäß denkbar ungeeignet. Die zermahlenen Knochen sind als Wunder=Arzney in etwa so wirksam wie Globuli, rangieren im Zeitalter veganer Lebensweise in der Beliebtheitsskala ziemlich weit unten. Außerdem ist es zu mühsam, nach ihnen zu graben. Einzig die in wunderbar leuchtenden Farben verharzten Einhorntränen, die gerade jetzt bei Temperaturen um den Nullpunkt überall im Harz (sic!) an die Erdoberfläche gedrückt werden, finden noch Verwendung und werden von der Partei Die PARTEI im Wahlkampf als „Glitzerdinger" vorzugsweise an das weibliche Wahlvolk und an Kinder verteilt.

In diesem Sinne wünsche ich Ihnen noch ein zauberhaft glitzerndes Rest-Wochenende.

... und gar, wenn sie pacifiques sind

Frau Hasenherz aus den Twitterlanden fragt:

„Kann der Pazifist den Soldaten besiegen?"

WikipeteR antwortet:

Pfeilgrad kann er das, liebe Frau Hasenherz. Wenn er im Stabhochsprung, im Quizduell oder bei Frank Plasberg in „Hart aber fair" in einer Diskussion über Flüchtlinge, Krieg und Gewalt gegen ihn antritt. Wenn es aber darum geht, Kriege zu verhindern oder zu beenden, da kommt die Macht nach wie vor aus den Gewehrläufen, wie Mao Tse Tung einmal treffend anmerkte, da ballert der Soldat den Pazifisten, wenn der ihm zu sehr in die Quere zu kommen droht, einfach weg und der kann seinen friedlichen Protest sechs Fuß unter der Erde weiterführen. Mit Argumenten kann man dem Soldaten und Militärhirn nicht beikommen, denn er handelt nicht aus Vernunftgründen und hört erst auf, wenn er selbst totgeschossen wird.

In seinem „Brief über die Kriegsschwindler", mit dem er sich im Mai 1959 wenige Wochen vor seinem Tod für den Abdruck seines Stücks „Der Nachmittag der Generäle" in den „Dossiers" des Collège de Pataphysique bedankte, führt Boris Vian dazu aus:

„Das Individuum, das aus dem Krieg zurückkehrt, hat zwangsläufig mehr oder weniger die Vorstellung, daß alles gar nicht so gefährlich war. Dies trägt zum Scheitern des nächsten bei und führt dazu, daß Kriege im allgemeinen nicht mehr ernst genommen werden. Aber das ginge noch an. Beim Kämpfer, der nicht gefallen ist, stellt sich im Unterbewußtsein die Mentalität eines Versagers ein; sein Anliegen wird es sein, die Scharte auszuwetzen, diesen Mangel zu kompensieren und folglich wieder dazu beizutragen, den nächsten vorzubereiten; wie aber soll er ihn gut vorbereiten, ist er doch bei dem vorangegangenen gut davongekommen und hat sich folglich vom Standpunkt des Krieges aus gesehen, disqualifiziert? ... Man möge mir glauben: an dem Tag, an dem niemand mehr aus dem Krieg zurückkehrt, ist er

endlich richtig geführt worden. An diesem Tag wird man fest-
stellen, daß alle bisher gescheiterten Versuche das Werk von
Witzbolden gewesen sind. An diesem Tag wird man feststellen,
daß ein Krieg genügt, um die Vorurteile zu beseitigen, die dieser
Vernichtungsart anhaften. Von diesem Tag an wird es für im-
mer unnötig sein, von neuem zu beginnen.“

Für Boris Vian war jeder Krieg, gleichgültig, ob „gerecht“ oder „ungerecht“ – auf diese Unterscheidung ließ er sich erst gar nicht ein –
vor allem eines: inhuman. Für ihn war auch nicht der Protest gegen
den Krieg ausschlaggebend, sondern die Entscheidung des Einzelnen, nicht an ihm teilzunehmen – eine Frage der Vernunft, nicht
des Gewissens. In seinem berühmten Chanson „Le déserteur“ for-
dert Boris Vian deshalb auch dazu auf, den Kriegsdienst zu verwei-
gern:

Refusez d'obéir	*Verweigert Krieg, Gewehr*
Refusez de la faire	*Verweigert Waffentragen*
N'allez pas à la guerre	*Ihr müßt schon etwas wagen*
Refusez de partir	*Verweigert's Militär*

Am 7. Mai 1954, einen Tag bevor Frankreich in der Schlacht von
Dien Bien Phu die entscheidende Niederlage erlitt, die das Ende
des französischen Kolonialreiches in Indochina besiegelte, sang
Marcel Mouloudji das Chanson zum ersten Mal im Théâtre de
l'Œuvre in Paris, später auch im Olympia. Am 1. November 1954
begann mit dem Blutigen Allerheiligen der Aufstand der FLN gegen die französische Kolonialherrschaft in Algerien, im März 1955
wurde Algerien unter Kriegsrecht gestellt, im Mai berief das französische Militär die ersten Reservisten ein, um die Truppenstärke
in Algerien zu erhöhen. Im Sommer 1955 organisierte Jacques Ca-
netti, einer der künstlerischen Direktoren der Schallplattenfirma
Philips, eine Tournee durch Frankreich und Belgien mit dem Programm „Die Aufzeichnungen des Major Thompson“, in das ein
Zwanzig-Minuten-Auftritt für Boris Vian eingebaut war.
In einigen Städten der französischen Provinz kam es zu Protestakti-
onen gegen ihn. Kommandos aus Kriegsveteranen störten seine

Auftritte, beschimpften ihn aus dem Schutz der Dunkelheit heraus und skandierten: „Nach Rußland! Nach Rußland!" In Dinard organisierte der Bürgermeister eine „Kampagne zur Verteidigung der rechtmäßigen patriotischen Erinnerung". Der Saal war vollgestopft mit Männern, die sich ihre Feldmützen aus der Militärzeit auf den Kopf gesetzt hatten. Bei jedem Versuch Boris Vians zu singen, johlten sie los und übertönten seine Stimme. Schließlich trat der Bürgermeister vor und forderte unter allgemeinem Applaus „diesen Russen", „diesen Anarchisten", „der reif dafür ist, an die Mauer gestellt zu werden", „diesen antifranzösischen Deserteur" auf, „endlich abzutreten". Erst als das Publikum die Bühne zu stürmen drohte, ging Boris Vian hinaus, weil er es nicht auf eine Schlägerei ankommen lassen wollte. Am 14. September 1955 berichtete die satirische Wochenzeitung Le Canard enchaîné über den Zwischenfall in Dinard, ein Leserbriefkrieg zwischen Bürgermeister Verney und Boris Vian schloß sich an und verhalf dem Chanson zu einem ersten Popularitätsschub. Weitere Sänger nahmen „Le Déserteur" in ihr Repertoire auf, die Schallpatte kam heraus, war aber nicht sonderlich erfolgreich, weil die Direktoren der Rundfunkanstalten angewiesen wurden, das Lied nicht zu spielen. Erst 1962 nach dem Ende des Algerienkrieges wurde das Ausstrahlungsverbot aufgehoben.

Ob nun von Marcel Mouloudji oder Serge Reggiani, von Esther Ofarim oder Joan Baez, von Zupfgeigenhansel, Wolf Biermann oder Franz Hohler gesungen, um nur einige Interpreten zu nennen, in allen bekannten Fassungen hat „Der Deserteur" diesen pazifistisch angehauchten Schluß, der nicht der sonstigen Haltung Boris Vians zur Frage des Krieges entspricht:

Si vous me poursuivez	*Sagt Eurer Polizei*
Prévenez vos gendarmes	*Sie würde mich schon schaffen*
Que je n'aurai pas d'armes	*Denn ich bin ohne Waffen*
Et qu'ils pourront tirer	*zu schießen steht ihr frei*

Im ursprünglichen Schluß des Liedes droht der Deserteur dagegen ganz unpazifistisch, selbst zu töten, um nicht getötet zu werden:

Mouloudji störte sich an diesem Schluß und mochte das Chanson so nicht vortragen. Auch Freunde rieten Vian zu einer weniger miltärfeindlichen, eher pazifistischen Änderung, um das Lied „unangreifbar" zu machen. Boris Vian gestand den Einwendern zu, der Schluß sei „wirklich widersprüchlich" und dichtete zusammen mit Mouloudji das neue bekannte Ende, in dem der Deserteur sich von der Polizei erschießen läßt.

Mein Vater hat im 2. Weltkrieg, zwei „Kettenhunde" (Feldgendarmen) erschossen, als sie ihn daran hindern wollten, sich von der Front weg zu bewegen. Hätte er so gehandelt wie der Deserteur in der pazifistischen Schlußstrophe des Chansons, wäre er vor einem Kriegsgericht zum Tode verurteilt worden und ich könnte jetzt diese Zeilen nicht schreiben. Allein aus diesem Grunde gefällt mir die ursprüngliche Fassung des Liedes viel besser.

> *„Der Teufel soll diese Volksbewegungen holen und gar, wenn sie pacifiques sind."*

Diese Polemik gegen die Chartisten, die mit Petitionen und anderen friedlichen Mitteln versuchten, die politische Partizipation der Arbeiterklasse zu erreichen, finden wir in einem Brief, den Karl Marx heute vor 165 Jahren, am 4. Februar 1852, an Friedrich Engels schrieb. Zumindest, was die pazifistischen Bewegungen für einen allgemeinen Weltfrieden oder noch höhere Ziele betrifft, stimme ich ihm zu. Mit Empörung, Protest, Petitionen und, heutzutage die beliebteste Form, den schönsten Internetkommentaren erreicht man nichts, noch nicht einmal gegen den kleinsten Krieg. Einzig nicht mitzumachen, in keinem Krieg und auf keiner Seite, kann zum Erfolg führen.

In diesem Sinne wünsche ich Ihnen noch ein schönes Wochenende.

Von Lichtenberg lernen heißt Satire lernen

Parci Freiländer aus Göttingen fragt:

> *„Aufklärung in Göttingen, wer ist der Typischste und was hat Lichtenberg so getrieben?"*

WikipeteR antwortet:

Die Aufklärung, um den ersten Teil der Frage auch zuerst zu beantworten, die Aufklärung aber, Nachrichtendienstmenschen und Philosophinnen jeglichen Geschlechts mögen mir verzeihen, die Aufklärung ist für den Kolumnisten, der seine Pubertät in den 1960er Jahren durchlebte, untrennbar mit dem Namen Oswalt Kolle und den Illustrierten Quick und Neue Revue verbunden, die für ihn deshalb auch quasizirkabollemaßen deren Brandzeichen schlechthin darstellen. Da Oswalt Kolle jedoch nie in Göttingen gewirkt hat und die Illustrierten hier wie in jeder anderen Stadt damals auch hauptsächlich in Friseursalons auslagen, verlasse ich nach der Anfangsabschweifung das schlüpfrige Terrain wieder und wende mich dem im zweiten Teil der Frage angesprochenen größten aller Göttinger Köpfe zu.

Ein begnadeter Satiriker und ein Tausendsassa war er, dieser Georg Christoph Lichtenberg, der sein Brot als Professor für Physik, Mathematik und Astronomie verdiente. Tagsüber spazierte er mit seinen Studenten durch Göttingen und Umgebung, führte ihnen vor, was die Natur an Phänomenen und Gesetzen zu bieten hatte, ließ mit ihnen Drachen durch Gewitter und gasgefüllte Schweinsblasen als Luftfahrzeuge in die Wolken fliegen, erzeugte vor ihren Augen mit der größten Influenzmaschine der Welt (zweieinhalb Meter im Durchmesser) eine Million Volt und vierzig Zentimeter lange Funken oder bastelte „Furchtableiter" gegen Blitzeinschläge an seine Gartenhäuser. Abends notierte er alle Einfälle des Tages, Blogs, Twitter, Facebook und ähnliches gab es in den letzten drei Jahrzehnten des 18. Jahrhunderts ja noch nicht, fein säuberlich in Kürzesttexten in Schreibhefte, die er Sudelbücher nannte. Nachts vergnügte er sich mit seinen Lebensgefährtinnen und zeugte acht Kinder.

Im Januar 1777, Lichtenberg war zwar schon sechs Jahre Professor, hatte aber gerade angefangen, tatsächlich regelmäßig Vorlesungen abzuhalten, kam der Zauberkünstler Philadelphus Philadelphia zu einem Gastspiel nach Göttingen. Der Mann hieß eigentlich Jacob Meyer, war US-Amerikaner, hatte als Pseudonym den Namen seiner Geburtsstadt angenommen und tourte – eine Art David Copperfield jener Zeit – mit einer um Vorträge über Mathematik, Mechanik und Metaphysik angereicherten magischen Show durch Europa. Er trat in England vor dem Herzog von Cumberland auf, in Sankt Petersburg vor Katharina II., in Konstantinopel vor Sultan Mustafa III., in Wien vor Joseph II., in Berlin vor Friedrich II. und in Sachsen gemeinsam mit dem Seehelden Orlow vor Friedrich August III. Schubart, Schiller und Goethe haben seine Auftritte erwähnt, die Effekte sollen so spektakulär gewesen sein wie die Eintrittspreise hoch.

Dem Aufklärer Lichtenberg war solcherart Hokuspokus zuwider und er beschloß, dem Treiben des Zauberkünstlers die satirische Spitze aufzusetzen. Er ließ ein „Avertissement" drucken und am 7. Januar 1777 als „Anschlagzeddel" in der Stadt aufhängen, auf dem für Philadelphias magische Schau in maßloser Übertreibung geworben wurde.

„Allen Liebhabern der übernatürlichen Physik wird hierdurch bekannt gemacht, daß vor ein paar Tagen der weltberühmte Zauberer Philadelphus Philadelphia, dessen schon Cardanus in seinem Buche de natura supernaturali Erwähnung tut, indem er ihn den von Himmel und Hölle Beneideten nennt, allhier auf der ordinären Post angelangt ist, ob es ihm gleich ein leichtes gewesen wäre, durch die Luft zu kommen. Es ist nämlich derselbe, der im Jahr 1482 zu Venedig auf öffentlichem Markt einen Knaul Bindfaden in die Wolken schmiß und daran in die Luft kletterte, bis man ihn nicht mehr gesehen. Er wird mit dem 9ten Jänner dieses Jahres anfangen, seine Ein-Talerkünste

auf dem hiesigen Kaufhause öffentlich-heimlich den Augen des
Publici vorzulegen, und wöchentlich zu bessern fortschreiten, bis
er endlich zu seinen 500 Louisd'or-Stücken kommt, darunter
sich einige befinden, die, ohne Prahlerei zu reden, das Wunder-
bare selbst übertreffen, ja, so zu sagen, schlechterdings unmöglich
sind."

Sieben „Alltags-Stückchen" werde Philadelphia darbieten, an erster Stelle den Wetterhahn der Jacobikirche blitzschnell mit der Fahne auf der Johanniskirche vertauschen und wieder zurück, zum Schluß ihm anvertrautes Bargeld und Schmuck aus der Ferne wieder zurückzaubern.

„Von den Alltags-Stückchen zu einem Taler wollen wir einige
angeben, nicht sowohl die besten, als vielmehr die, die sich mit
den wenigsten Worten fassen lassen.
1) Nimmt er, ohne aus der Stube zu gehen, den Wetterhahn
von der Jacobi-Kirche ab und setzt ihn auf die Johannis-Kirche,
und wiederum die Fahne des Johannis-Kirchturms auf die Ja-
cobi- Kirche. Wenn sie ein paar Minuten gesteckt, bringt er sie
wieder an Ort und Stelle. NB. Alles ohne Magnet durch die
bloße Geschwindigkeit.
[...]
7) Nimmt er alle Uhren, Ringe und Juwelen der Anwesenden,
auch bares Geld, wenn es verlangt wird, und stellt jedem einen
Schein aus. Wirft hierauf alles in einen Koffer, und reiset damit
nach Kassel. Nach 8 Tagen zerreißt jede Person ihren Schein,
und so wie der Riß durch ist, so sind Uhren, Ringe und Juwelen
wieder da. Mit diesem Stück hat er sich viel Geld verdient."

Der „weltberühmte Zauberer" sah sich durch Lichtenbergs Plakate bloßgestellt und verließ Göttingen fluchtartig, ohne eine Vorstellung gegeben zu haben. Trotz oder gerade wegen des durchschlagenden Erfolgs bekannte sich Lichtenberg nie öffentlich zu seiner nach eigenen Worten „ruchlosen Satire", notierte aber einige Tage später zu dieser Angelegenheit in sein Sudelbuch:

Seit diesem Eintrag ins Sudelbuch sind 240 Jahre vergangen. Die
„schlauen Betrüger" haben sich vermehrt wie die Fliegen und halten in der Politik sowieso, in der Kunst, aber auch in der Wissenschaft das Heft in der Hand, schaffen es gar, sich vom „geblendeten
Publikum" in die höchsten Ämter wählen zu lassen. Lebte Lichtenberg heute, er könnte keine Sekunde mehr schweigen, sondern
müßte Forschung, Lehre und Aufklärung liegen lassen und Satiren
am laufenden Band schreiben. Mit dem Unterschied, daß die modernen Roßtäuscher und Lautsprecher ihn dreist vor die Gerichte
zerrten, statt sich durch eine bloße Satire vertreiben zu lassen.

In diesem Sinne wünsche ich den Lesern ein schönes und erholsa-
mes Wochenende.

Strike!

Irmi aus Stuttgart fragt:

> *„Meine Frage an unser wandelndes Lexikon #wikipeter-fragen : Warum und seit wann sind Generalstreiks in Deutschland verboten?"*

WikipeteR antwortet:

Am Anfang stand die Todesstrafe. „Wir Carl der Sechste, von Gottes Gnaden erwählter Römischer Kayser, zu allen Zeiten Mehrer des Reichs, König in Germanien" erließ 1731 die Reichshandwerksordnung, in der unter anderem der blaue Montag abgeschafft wurde.

> *„Über dieses sich auch befindet, daß die Handwerks-Gesellen gemeiniglich des Montags, und sonsten, ausser denen ordentlichen Feyertägen, sich der Arbeit eigenmächtig entziehen; Welche, und alle andere dergleichen unvernünftige, in dieser Ordnung benahmste und unbenahmste Mißbräuche und Ungebühr von deren Obrigkeiten ebenmäßig abgeschaffet ..."*

Die Reichshandwerksordnung Karls VI. drohte außerdem aufsässigen Zünften mit der Auflösung, erklärte die Löhne für übermäßig hoch, wies die Reichbehörden an, neue Lohnrichtlinien zu erlassen, und verbot unter Androhung der Todesstrafe Streiks, Protestdemonstrationen sowie Aufstände.

> *„Woferne aber bisheriger Erfahrung nach, die Gesellen unter irgends einigem Prætext sich weiter gelüsten liessen, einen Aufstand zu machen, folglich sich zusammen zu rottiren, und entweder an Ort und Stelle noch bleibende, gleichwohl bis ihnen in dieser und jener vermeyntlichen Prætension oder Beschwerden gefüget werde, keine Arbeit mehr zu thun, oder selbst Haufenweis auszutreten, und was dahin einschlagenden rebellischen Unfugs mehr wäre, dergleichen grosse Frevler oder Missethäter sollen nicht allein, wie oben § 2 schon erwehnet, mit Gefängniß- Zuchthauß- Vestungs-Bau- und Galeeren-Strafe beleget, sondern auch, nach Beschaffenheit der Umstände, und*

Die Zunftgesellen störte diese Verordnung wenig, wenn es darum
ging, im Konfliktfall Streiks und Boykottmaßnahmen als Druckmittel einzusetzen. So wurden zwischen 1717 und 1800 in den deutschen Städten 500 Streiks gezählt, zum Beispiel legten die Augsburger „Schuhknechte" 1726 die Arbeit für 14 Wochen nieder, ihre Bremer Kollegen 1736 für drei Monate. 1791 in Hamburg, 1793 in Breslau und 1796 in München weiteten sich die Ausstände zu Generalstreiks aus.

Das war in der in dieser Hinsicht noch gemütlichen Zeit der biederen Handwerksburschen, der Zünfte und der Gilden und erst der Anfang. Bald nahm der Kapitalismus an Fahrt auf und es kam die Zeit der Proletarierfaust und des Streiks als wichtigstem Mittel der Auseinandersetzung mit den Fabrikherren. Mit jedem Industrialisierungsschub und mit jeder Krise gingen Streikwellen einher, in den 1850er Jahren, nach der Reichsgründung 1871, nach der Jahrhundertwende. 1905 kam es im Ruhrgebiet gar zu einem aufstandsähnlichen Generalstreik, dem größten Streik in der Geschichte des Kaiserreichs. Keiner dieser Ausstände war legal, Streiks blieben bis zur Novemberrevolution komplett verboten. Zwar drohte den Streikführern keine Todesstrafe mehr, nur noch Geld- und Haftstrafen, aber sie wurden auf Schwarzen Listen geführt und die Zusammenschlüsse der Arbeiter waren lange Zeit illegalisiert. 1854 unterband das Vereinsgesetz des Deutschen Bundes alle überörtlichen Organisationsbestrebungen, von 1878 bis 1890 verbot Bismarcks (Marx pflegte P-i-ß-m-a-r-c-k zu buchstabieren) Sozialistengesetz sämtliche gewerkschaftlichen Verbände und alle Arbeiterparteien. Nach der Wiederzulassung gab es unbedeutende Zugeständnisse, zum Beispiel die paritätisch besetzten Gewerbegerichte, die 1904 eingerichtet wurden und Streitigkeiten zwischen Arbeitgebern und Arbeitnehmern über Löhne und Arbeitsbedingungen klären sollten. Gewerkschaften durften betrieblich Lohnforderungen geltend machen, aber nicht dafür streiken.

Nach der Novemberrevolution 1918 verbriefte die Weimarer Verfassung endlich die Koalitionsfreiheit und gewährte das Streikrecht – allerdings unter Schlichtungsvorbehalt. Keine 15 Jahre später schafften die Nationalsozialisten 1933 das Streikrecht wieder ab, verboten die Gewerkschaften, ersetzten sie durch die Deutsche Arbeitsfront und gestalteten die Betriebe nach dem Führerprinzip um. Die Geschichte der Bundesrepublik Deutschland begann einige Monate vor ihrer Gründung im Juni 1948 mit der Währungsreform und mit dem bis heute mit Abstand größten Streik der deutschen Geschichte, einem 24-stündigen Generalstreik gegen diese Währungsreform, gegen die Aufhebung der Preiskontrollen, gegen die damit verbundenen hohen Preissteigerungen und für Lohnerhöhungen, gegen Ludwig Erhards Modell der sozialen Marktwirtschaft und für Wirtschaftsdemokratie. Am 12. November 1948 streikten in der amerikanischen und in der britischen Besatzungszone, in der französischen Zone war der Streik verboten, über neun Millionen Arbeitnehmer – das waren 72 Prozent der 11,7 Millionen Beschäftigten dieses Gebietes. Vergebens. Die Reformen wurden nicht zurückgenommen. Ludwig Erhard überstand im Dezember noch mehrere Versuche, ihn als Direktor der Verwaltung für Wirtschaft des Vereinigten Wirtschaftsgebietes abzusetzen, und schrieb 1957 in seinem Buch „Wohlstand für alle" genüßlich über seine durch Aussitzen errungenen Siege:

> *„Die Gewerkschaften verfügten ... einen eintägigen General-*
> *streik gegen die Fortführung der Marktwirtschaft. Sie wollten*
> *die Bewirtschaftung wiederhaben. Wir wollten das nicht. Also*
> *kam es auf die besseren Nerven an. "*

Seltsamerweise ist dieser Streik im Gegensatz zu den Arbeitsniederlegungen vom 17. Juni 1953 in der Ostzone, die sogar für einen Feiertag herhalten mußten, obwohl er der größte in unserer Geschichte war, komplett in Vergessenheit geraten. Gerhard Beier schrieb 1975 zu diesem Umstand:

> *„Die einen haben es vergessen, weil es kein strahlender Sieg war.*
> *Die anderen mochten es nicht in Erinnerung behalten, weil es*

Generalstreik hin, Generalstreik her, wenige Monate später wurde die Bundesrepublik Deutschland gegründet und das Grundgesetz trat in Kraft, eine Verfassung, in der es zwar immer noch kein Recht auf Streik gibt, in Artikel 9 (3) Arbeitskämpfe aber indirekt für zulässig erklärt werden.

„Das Recht, zur Wahrung und Förderung der Arbeits- und Wirtschaftsbedingungen Vereinigungen zu bilden, ist für jedermann und für alle Berufe gewährleistet. Abreden, die dieses Recht einschränken oder zu behindern suchen, sind nichtig, hierauf gerichtete Maßnahmen sind rechtswidrig. Maßnahmen nach ... dürfen sich nicht gegen Arbeitskämpfe richten, die zur Wahrung und Förderung der Arbeits- und Wirtschaftsbedingungen von Vereinigungen im Sinne des Satzes 1 geführt werden."

Das ist alles. Ein „Gesetz, das näheres regelt", gibt es nicht. Im Einzelfall müssen die Gerichte über die Legalität von Arbeitskampfmaßnahmen entscheiden. Politische Streiks, Generalstreiks, Streiks, die nicht von Gewerkschaften geführt werden und Streiks innerhalb der Friedenspflicht (d.h. solange bestehende Tarifverträge nicht gekündigt sind) fallen aber auf jeden Fall aus diesem engen Rahmen heraus.

„Revolution in Deutschland? Das wird nie etwas, wenn diese Deutschen einen Bahnhof stürmen wollen, kaufen die sich noch eine Bahnsteigkarte!"

Dieses Bonmot Lenins beruht auf einer tatsächlichen Begebenheit aus dem Jahr 1907. Eine Gruppe von 200 deutschen Kommunisten habe auf dem Weg zu einem geheimen Treffen mit Lenin fast zwei Stunden nicht gewagt, einen Bahnhof zu verlassen, weil kein Beamter da war, der ihre Karten lochen konnte.

Wie bei der Revolution, entscheidet bei einem Streik nicht die juristische Frage nach der Legalität über Erfolg oder Mißerfolg, sondern die Frage des richtigen Augenblicks, der Kampfkraft und des längeren oder kürzeren Atems. So sind die höchsten Lohnerhöhungen in der Geschichte der Bundesrepublik auch nicht innerhalb braver Tarifverhandlungen herausgeschlagen worden, sondern durch die sogenannten „wilden Streiks" wenige Wochen vor den Bundestagswahlen im September 1969 mit rund 140.000 Beteiligen, die nicht von und mit den Gewerkschaften organisiert wurden, sondern gegen deren Willen. Gewerkschaftsfunktionäre, die abwiegeln wollten, wurden als „Schloofköpp" niedergebuht. Die spontan gewählten Streikkomitees verhandelten rückwirkende Lohnerhöhungen von über 10 Prozent und Bezahlung der Streikstunden. Sanktionen gegen Streikende und Streikführer gab es nicht. Betriebe, die nicht bestreikt wurden wie etwa VW, zogen eilig nach und erhöhten die Löhne freiwillig vor Ablauf der Tarifverträge, um nicht in den Sog zu geraten.

Langer Rede kurzer Sinn: Hätten die Arbeiter immer geduldig mit Kampfmaßnahmen gewartet, bis Obrigkeit und Unternehmer bereit waren, ihre Bahnsteigkarten zu lochen, wir hätten noch heute Arbeitsbedingungen wie im 19. Jahrhundert, wenn nicht noch schlimmer.

In diesem Sinne wünsche ich allen Leserinnen jeglichen Geschlechts ein schönes Rest-Wochenende.

Orakel

Ein gewisser Thomas Gsella aus Aschaffenburg fragt:

> *„Wie viele Unterstützerunterschriften für die Bundestags-
> wahlen werden die Aktivisten der Partei Die PARTEI in
> Göttingen und Niedersachsen zusammenbekommen?"*

WikipeteR antwortet:

Was hat die Menschheit nicht schon alles angestellt, um einen Blick in die Zukunft werfen zu können? Im alten China hat man Tierknochen ins Feuer gehalten und mit Schafgarbenstengeln gewedelt, die Hellenen haben junge unschuldige Frauen unter Drogen gesetzt und deren wirre Reden zu deuten versucht, die Römer haben den Vogelflug beobachtet oder die herausgerissenen Lebern von Opfertieren begrabbelt, die Kelten steinerne Phalli in den Himmel recken lassen und von dort Antwort erhofft, in Indien und auf den Philippinen hat man bemalte Eier auf Holzplatten geworfen, die Germanen hatten es auch mit den Eiern oder sie haben mit Runen gewürfelt. Wiederum aus China kommt der Brauch, mystische Zeichen auf Papierblätter zu malen und diese für etliche Glücksspiele wie auch für Wahrsagerei zu benutzen, eine Mode, die dann über Ägypten und Byzanz ihren Weg ins christliche Abendland genommen und sich in Windeseile als Tarock, Tarot, später auch Schafkopf, Skat, Poker und Mau Mau verbreitet hat.

Ach, ja. Fast hätte ich die Horoskope in der Aufzählung vergessen. Die Sumerer, denen wir auch die Erfindung des Bieres, der Pizza und der auf Tontäfelchen geritzten Kurzbotschaften (Tweets) verdanken, sind wohl zuerst darauf gekommen, aus dem mathematisch vorhersagbaren Lauf der Gestirne auch die Zukunft vorherzusagen. Von Mesopotamien aus hat diese geheime Kunst über alle geographischen, religiösen und sonstigen Grenzen hinweg die gesamte Welt überschwemmt, betreibt eigene Fernsehsender und ist sogar in der FAZ, in der Bildzeitung und in der Bäckerblume zu finden. Mein alter Nachbar drei Häuser weiter im beschaulichen Nienburg an der Weser hat diese Wissenschaft noch verfeinert, unter

Zuhilfenahme eines selbst fabrizierten Computerprogramms die sorgfältig erstellten Horoskope mit den Visionen aus seiner Kristallkugel kombiniert und so hochpräzise Vorhersagen getroffen. Er war mir aber zu teuer, weswegen ich das nie ausprobiert habe.

„Spökenkiekerei. Allens nur Spökenkiekerei.“

Das sagte Rixen Louis zu solchem Hokuspokus. Der mußte es wissen. Der war in seinen jungen Jahren ein flotter Tänzer, in seinen mittleren der Geliebte der Dorfärztin und spuckte mir, als ich ihn in seinen späten Jahren auf dem Altenteil besuchte, um ihn im Auftrag eines Meinungsforschungsinstituts für sechs Mark fünfzig pro Interview zu befragen, die Priemsoße ungeniert auf meine frisch geputzten Schuhspitzen. Womit wir endlich bei der Demoskopie sind, dem Instrument, mit dessen Hilfe ich die Frage Gsellas doch noch beantworten kann. „Demoskopie ist ein scharfes Schwert“, sang Roger Whittaker 1984. Und hat Recht damit. Denn die Demoskopen besitzen tiefe Kenntnisse über die Zusammensetzung des Volkskörpers, können trefflich mit den Instrumenten der Statistik jonglieren und mittels Hoch-, Wahrscheinlichkeits- und Unwahrscheinlichkeitsrechnungen vom Einzelnen auf das Ganze und wieder zurück schließen. Mit ihrer atemberaubenden Zahlenakrobatik ist es den Meinungsforschungsinstituten bisher nicht nur gelungen, alle Bundestagswahlen, sondern auch noch das Ergebnis des Brexit-Referendums und der US-Präsidentenwahl bis auf zwei Nachkommastellen präzise vorherzusagen.

Ich brauche nur die Zahl der bisher gesammelten Unterschriften und kann dann bequem hochrechnen. Bis gestern gab es 149 von 200 notwendigen Unterschriften für die Direktkandidatur Dr. Christian Prachars (ledig, praktisch, gut, mit der Lizenz zum Führen) und 1490 von 2000 notwendigen Unterschriften für die sehr guten PARTEI-Frauen an der Spitze der Landesliste. Dieser unvermutete Gleichklang der Zahlen muß etwas bedeuten. Ich analysiere sie also zunächst unter Zuhilfenahme der kabbalistischen Zahlenmystik.

1 = „Die Eins entspricht der Einheit mit Martin Sonneborn.“

4 = „Die Vier entspricht den vier Himmelsrichtungen.“

9 = „Die Neun entspricht der höchsten Schwingung, die es geben kann.“

0 = „Die Null ist die Vollendung.“

Schon der erste Blick stimmt den Propheten sonntäglich heiter. Wenn ich jetzt noch alle Daten und Erkenntnisse, die Stasi, Verfassungsschutz und NSA je über Göttingen und Niedersachsen gesammelt haben und sammeln werden, mit den Zahlen der bisher gesammelten Unterstützungsunterschriften zusammen in eine Excel-Tabelle packe und nacheinander 42 verschiedene statistische Berechnungen durchlaufen lasse, komme ich zum unfehlbaren Endergebnis, nach dem pfeilgrad 298 + x UU für Dr. Christian Prachar und 2980 + x UU für die Landesliste zu erwarten sind, wobei „x“ jeden beliebigen ganzzahligen positiven oder negativen Wert annehmen kann.

Ich hoffe, die Frage der Woche ist damit im Sinne Thomas Gsellas sowie vollständig und richtig beantwortet, und wünsche sowohl dem Fragesteller wie auch allen Leserinnen jeglichen Geschlechts ein vergnügliches Restwochenende.

Links und rechts und rundherum
Frank Wallnuss aus Müllrose fragt:

*„Sollte man nicht wieder runde Parlamente einführen, um
das missverständliche Rechtslinksdenken zu vermeiden?"*

WikipeteR antwortet:

„Runde Parlamente", bei denen Gleiche unter Gleichen zusammensitzen und die anstehenden Probleme des Zusammenlebens beraten, „runde Parlamente" in diesem Sinn gab es eigentlich nur um die Lagerfeuer der Jäger und Sammler und gibt es neuerdings wieder mit den nach gesellschaftlichen Umbrüchen in Mode gekommenen „runden Tischen" sowie den Stuhlkreisen in Kindergärten und therapeutischen Einrichtungen. Zwischenzeitlich ist man aus praktischen Gründen doch sehr von dieser Idealform abgewichen. Die Agora von Athen und die antiken Gebäudefundamente darauf machen insgesamt aber einen sehr rechteckigen Eindruck, die Orchestra, bis ca. 500 v. Chr. der eigentliche Ort der Ekklesia, der Versammlung der Stimmbürger, war aber halbrund mit einer Bema, einer Rednertribüne, im Zentrum. Ab 330 v. Chr. wurden die Versammlungen dann im Dionysostheater abgehalten. Das war als Zweidrittelkreis angelegt und faßte maximal 17.000 Zuschauer. Eine Ekklesia galt aber schon als gut besucht, wenn 6.000 der 30.000 stimmberechtigten Bürger kamen.

Am Lagerfeuer und am „Runden Tisch" sind alle gleich weit vom Mittelpunkt entfernt, niemand ist besonders hervorgehoben oder zurückgesetzt, die Kommunikation ist symmetrisch. Das ändert sich in dem Augenblick, in dem eine Rednertribüne im Mittelpunkt steht und derjenige, der sprechen will, aus dem Kreis der anderen heraustreten und sich in den Fokus stellen muß. Aus dem Gedankenaustausch wird Agitation, aus dem Sprecher wird ein Redner, aus dem Menschen wird ein Schauspieler, ein Politiker gar, die Überzeugungskraft wird wichtiger als das Argument, die Rhetorik, die Polemik und der Populismus erleben ihre Geburtsstunde. Es war kein Zufall, daß im antiken Griechenland das Theater und die

Vollversammlungen der Stimmbürger am gleichen Ort stattfanden. Beim Thing der Germanen und Skandinavier waren die Plätze zwar auch kreisförmig angeordnet, im Mittelpunkt aber stets ein erhöhter Sitz, auf dem der Versammlungsleiter, ein Priester, Stammeshäuptling oder Herzog (Kriegshäuptling) Platz nahm – der Führer und sein Volk an der Heiligen Thingstätte gegen den Rest der Welt vereint, das hat dort seinen Ursprung und geht bis heute bei unseren nazional gesinnten Mitbürgern als Demokratie durch.

Ob im Halbrund eines Parlaments oder im Rund eines Fußballstadions sitzt niemand gern von Feinden umgeben und gesellt sich lieber zur eigenen Blase. In der französischen Nationalversammlung von 1789 klumpten sich deshalb die Anhänger der Republik links und diejenigen, die den König am liebsten doch noch behalten wollten, rechts zusammen und sorgten so für die Grobeinteilung, nach der wir bis heute gern die politischen Lager unterscheiden. Notwendig ist es nicht, diese vertraute Nomenklatur beizubehalten. Wir könnten die Parteien ähnlich wie Fußballvereine oder Rennställe auch nach Farben unterscheiden, Rote, Schwarze, Blaue, Grüne, Gelbe, Graue (neu!) oder Braune; und wir machen das ja auch. Wir könnten ihnen aber auch Tiernamen geben: Hühner, Hasen, Tiger, Kojoten, Adler, Murmeltiere oder Sackratten, je nach Geschmack und Windrichtung. Auch die Benennung nach Pflanzen, chemischen Elementen, Sternzeichen oder Sexualpraktiken wäre möglich. Wenn die politische Stoßrichtung klar ist, die sich hinter der Benennung verbirgt, ist die Benennung eigentlich gleichgültig.

Die Sitzordnung nach Parteien könnte man natürlich auch aufheben und stattdessen in einem runden, rautenförmigen oder quadratischen Sitzungssaal nach Haar- oder Augenfarbe, nach Alter oder nach Alphabet sortieren oder die Plätze einfach auslosen, das änderte aber weder etwas an der politischen Einstellung der Gewählten noch an ihrem Abstimmungsverhalten. Vor allem änderte das nichts am Bestreben der Menschen, die Welt nach Gut und Böse einzuteilen und die Parteien dem einen (links oder rechts) oder dem anderen (rechts oder links) Lager zuzuschlagen. Selbstverständlich gehört man selbst (links oder rechts, je nachdem) immer zu den Guten und die anderen zu den Bösen. Darauf kommt es an. Das ist gut für die Seelenhygiene und für die Selbstzufriedenheit. Deshalb hat der Hardcore-Nazi Jens Wilke zum Abschluß einer seiner Mahnwachen auch gerufen: „Wir sind die Guten!"

Hoffentlich gehören die Leserinnen jeglichen Geschlechts, die diese Kolumne lesen, allesamt zu den Guten. Denn dann und nur dann wünsche ich ihnen noch einen schönen Rest=Sonntag.

Samstag, 11. März 2017

Galgenschwengel und Galgenvögel

Frank Lepold aus Offenbach fragt:

> *„Gibt es eigentlich noch Galgenvögel und warum sind diese auch meist noch umstritten?"*

WikipeteR antwortet:

> *„Je suis Françoys, dont il me poise*
> *Né de Paris emprès Pontoise,*
> *Et de la corde d'une toise*
> *Sçaura mon col que mon cul poise."*
> *„Ich bin Franzos, was mir gar nicht paßt,*
> *Geboren zu Paris nah der Oisebrücke,*
> *Und durch ein kurzes Ende Strick*
> *wird mein Hals bald wissen, was mein Hintern wiegt."*
> François Villon. Quatrain, 1463

Anfang November 1462 saß Villon wegen eines Bagatelldiebstahls im Pariser Stadtgefängnis. Er kam erst frei, als er einen nächtlichen Einbruch in die Sakristei der Kapelle des Collège de Navarre im Quartier Latin sechs Jahre zuvor gestand und sich verpflichtete, innerhalb von drei Jahren seine 120 Taler Anteil an der Beute zurückzuerstatten. Damals hatte er zusammen mit vier Komplizen den Tresor geknackt und die stattliche Summe von 500 Talern erbeutet. Die Freiheit dauerte keinen Monat. Anfang Dezember provozierte er mit drei Kumpanen eine Schlägerei, verletzte dabei einen Notar mit dem Messer und wurde am nächsten Tag verhaftet. Die Richter des Pariser Stadtgerichts nutzten die Gelegenheit, sich für Villons ehrenrührige Anspielungen auf ihren Lebenswandel in dessen „Testament" zu rächen, ließen ihn foltern und verurteilten ihn zum Tod am Galgen.

In der Todeszelle dichtete er zwei seiner besten, sichtlich seine Angst verarbeitenden und verdrängenden Texte, die Ballade der Gehenkten, wo er fatalistisch in der Rolle des schon am Galgen Baumelnden die Passanten um Mitgefühl bittet, und den obigen Vierzeiler. Villon legte Berufung beim obersten Pariser Gerichtshof, dem Parlement, ein. Dieses kassierte am 5. Januar 1463 das Todesurteil, wandelte es aber „angesichts des schlimmen Lebenswandels besagten Villons" um in zehn Jahre Verbannung aus Stadt und Grafschaft Paris.

1455 war Villon schon einmal zum Tode verurteilt und wieder begnadigt worden. Das damalige Gnadengesuch hatte er mit „François des Loges, autrement dit de Villon" unterzeichnet, in der Begnadigungsurkunde wurde er dagegen „Françoys de Monterbier" genannt. Das veranlaßte Paul Zech zur Vermutung, er habe „de Montcorbier" (vom Rabenberg) geheißen und sei als Sohn eines Henkers und einer Hure auf einem Anwesen auf dem Pariser Galgenberg geboren worden.

Solche Galgenberge wie den, auf dem Villon angeblich geboren wurde und auf dem er zu enden fürchtete, gab es im ausgehenden Mittelalter und in der frühen Neuzeit weithin sichtbar an viel befahrenen Wegen und Kreuzungen etwas außerhalb jeder größeren Stadt. Hier in Göttingen war das der Leineberg. Heutzutage baumeln dort keine Gehenkten mehr, die zur Abschreckung der Verwesung, den Hunden und den Raben überlassen werden, heutzutage überkommt einen das Grauen dort nur noch angesichts der Architektur oder wenn einem ein Mensch in Jogginghose & rabenartig schwarzkapuzig, schwankend, aus zwei Flaschen beidhändig trinkend, fast ins Rad läuft und sich bei der Frau mit blondem Pferdeschwanz im weißen Golf, die für ihn bremst, bedankt, indem er mit dem Öttinger in der Linken wedelt: „Hallo, Gräfin ...“

Galgenvogel, um auf die Frage zurückzukommen, ist der Rabe, der wegen seiner Rolle auf den Hinrichtungsstätten als Symbol des Düsteren und Bote des Unheils durch Literatur, Musik und bildende Kunst geistert, von Giambattista Basiles neapolitanischem Märchen „Lo cuorvo" (1634, unheimlich) über Edgar Allan Poes Gedicht „The Raven" (1845, unheimlich) und Wilhelm Buschs Bildergeschichte „Hans Huckebein, der Unglücksrabe" (1868, lustig) bis zur Literaturzeitschrift „Der Rabe" (1982 bis 2001, Neue Frankfurter Schule). „Weil sie den Raben zum Aase dienen oder dienen sollten", wurden die Gehenkten selbst ursprünglich als „Galgenaas", „Galgenschwengel" (da spürt man sie förmlich hin und her pendeln) oder auch „Galgenhühnchen" bezeichnet. Die Raben wurden im Begriff „Galgenvogel" aber auch als Dieb zunächst nur mitgedacht und darüber zum Synonym für Banditen und schließlich zum derben Schimpfwort für alle, die man herabsetzen wollte: „Unverschämter Galgenvogel! ... Kennst du deine Frau nicht mehr?" (Christian Felix Weiße, Die verwandelten Weiber, 1778)

Vielleicht war ich in meiner frühen Jugend zu oft in den Sonntagnachmittagsvorstellungen der Nordertor-Lichtspiele, aber – man schlage mich dafür (Ja! Jaaaa!! Herrlich.) – Galgenvögel sehen für mich so aus wie Al St. John als Fuzzy in gefühlt hunderttausend C-Western oder – für alle, die zu jung sind, diesen Kram gesehen zu haben – wie Geoffrey Bayldon als Catweazle in der Fernsehserie: eher komische Gestalten. Banditen dagegen sind eher gefährlich und böse und kommen daher wie Mario Adorf in den Karl-May-Filmen, Räuber aber sind gefährlich nur für die Obrigkeit und die Reichen, gut zu den Armen und mehr oder weniger anarchistisch angehaucht: der Räuber Mathias Kneißl zum Beispiel oder Max Hoelz, unter dem mein Großvater am Mansfelder Aufstand teilgenommen hat.

Und wo finden wir sie heute, diese Galgenvögel, außer in Uraltfilmen und ewig wiederholten Fernsehserien? Die liebenswürdigen Kleinganoven, über die man zur Not noch schmunzeln konnte, haben sich auf Flohmärkte oder ins Internet zurückgezogen, wo sie sich mehr schlecht als recht ernähren. Die Zunft der allseits respektierten Gentlemenverbrecher ist entweder mit Julius Adolf Petersen, dem „Lord von Barmbeck", und den Postzugräubern von Sears Crossing ausgestorben oder hat sein Geschäft auch ins Internet verlegt, wo das Risiko geringer und der Profit sauberer ist, wenn man es von den richtigen Stützpunkten aus betreibt. Der Rest der einstigen Banditen, der die Unterschicht des organisierten Verbrechens bildet und, wenn er Drogen, Zigaretten und K.-o.-Tropfen schmuggelt oder in weißen Kleinlastern mit auf Facebook bekannt gemachten Nummernschildern als osteuropäische Einbrecherbande in der Gegend herumkurvt, fast das alleinige Risiko trägt, kann vielleicht noch mit den Galgenvögeln alten Schlages verglichen werden. Für ihre Chefs, die diese Unternehmen in maßgeschneiderten Anzügen und Kostümen als äußerlich respektable Mitbürger leiten und dabei kaum ein Risiko eingehen, worin sie schon wieder Mario Adorf in den alten Filmen ähneln, wäre die Bezeichnung „Galgenvögel" schon zuviel der Ehre.

Manchmal, und dann wird es wirklich gefährlich, gelingt es einem Galgenvöglein, sich zu tarnen, an die Spitze einer Bewegung oder einer Partei zu setzen, sich zum Kanzler, Führer, Duce, Präsidenten oder sonst etwas erheben zu lassen, unter Ausspielen der nationalen Karte alle demokratischen Schranken zu beseitigen und den Staatsapparat in eine kriminelle Organisation zwecks Ausplünderung zu verwandeln. Auch wenn es die Anhänger dieser Galgenvögel (im Grunde allesamt Witzfiguren, aber brandgefährlich) nicht wahr haben wollen, weil sie davon zu profitieren hoffen: Das ist dann Faschismus. Zuletzt hatten wir das hierzulande von 1933 bis 1945 und es ist böse ausgegangen. Auch wenn einige Bachmanns oder Höckes oder Wilkes vielleicht von solchen Karrieren träumen, ist in diesem unseren Lande die Gefahr aktuell wohl gering. Anderswo, besonders in der Türkei und neuerdings in den USA, sind solche Kräfte schon in die höchsten Ämter vorgedrungen und haben zum Teil beängstigend großen Rückhalt in der Bevölkerung.

Es ist die Sache der in der Türkei und in den USA lebenden Menschen dort etwas gegen die Machtübernahme durch die faschistischen Galgenvögel in ihren Tarnanzügen zu unternehmen, jeder kehre vor seiner eigenen Tür und unternehme dort etwas. Hier in Göttingen hat die Partei Die PARTEI die Initiative ergriffen und wird am Samstag, den 1. April (kein Scherz!) gegen die Mahnwachen der Hardcore-Nazis vom „Freundeskreis/Thügida" mit Genehmigung des Ordnungsamtes einen antifaschistischen Schutzwall, eine „Mauer der Liebe" quer über die Berliner Straße errichten. „Mit welchen Materialien der Mauerbau schließlich vonstattengehen darf, wird in der kommenden Woche mit dem Ordnungsamt abgestimmt werden. Es soll schließlich alles seine Ordnung haben", schreibt Heide Haas, die Leiterin Agitprop des Kreisverbandes Göttingen, in einer Verlautbarung.

In der Hoffnung, daß in drei Wochen möglichst viele Menschen dabei sind, wenn diese „Mauer der Liebe" errichtet wird, wünsche ich allen Leserinnen jeglichen Geschlechts ein schönes Wochenende.

Gastfreundschaft

Frieder F. aus Düsseldorf fragt:

> *„Heißt es nicht auch: »Die Gastfreundschaft der Elche,*
> *akzeptiert nur selber welche?« (Frankfurter Schuhe oder*
> *doch Schule?)"*

Und Lutz H. aus Brandenburg fügt in konsequenter Kleinschreibung hinzu:

> *„bei gastrecht muss ich immer an die eskimos denken …*
> *und dann fallen mir weitere 1000 fragen ein."*

WikipeteR antwortet:

Einen Beleg aus erster Hand für die angebliche Sitte der Inuit, einem Gast die eigene Gefährtin ins Nachtlager zu legen, konnte ich gerade nicht finden, nur die oft wiederholte Behauptung, dazu in Fridtjof Nansens Eskimoleben einiges über Vielweiberei und Partnertausch bei ihnen sowie einen Tagebucheintrag des Mindener Physikers, Geographen, Anthropologen und Ethnologen Franz Boas („Als Eskimo mit den Eskimos leben") aus dem Jahre 1883, in dem er sich begeistert über die Gastfreundschaft der Inuit zeigt:

> *„Ich frage mich oft, welche Vorzüge unsere Gesellschaft vor den*
> *so genannten Wilden hat und finde, je mehr ich von ihren Ge-*
> *bräuchen sehe, daß wir wirklich keinen Anlaß haben, veräcut-*
> *lich auf sie herabzusehen."*

„Das Verhalten eines Volkes wird nicht wesentlich durch seine biologische Abstammung bestimmt, sondern durch seine kulturelle Tradition. Die Erkenntnis dieser Grundsätze wird der Welt und besonders Deutschland viele Schwierigkeiten ersparen", hielt Boas ein halbes Jahrhundert später dem aufkommenden Nationalsozialismus entgegen. Die kulturelle Tradition eines Volkes, zu der auch eine entsprechende Ausprägung der Gastfreundschaft gehört, begriff er als Produkt einer spezifischen Mensch-Umwelt-Beziehung. In der nationalsozialistischen Ideologie sah Franz Boas eine Krankheit, die Deutschland infolge des Ersten Weltkriegs befallen hatte, und deren Ziel es war, das Rad der Geschichte zurückzudrehen und die Errungenschaften der Aufklärung durch pseudowissenschaftliches Gefasel und Rassenwahn zu ersetzen. Seine Warnungen verhallten ungehört, die Nationalsozialisten kamen an die Macht und konnten unter anderem ihre pervertierte Auffassung von Gastfreundschaft als Ungleichbehandlung, als eine Art drittklassiges Recht für alle Fremden durchsetzen, als besonderes „Gastrecht", wie es heute wieder als besinnungsloses Medien- und Politikergefasel durch die Flüchtlingsdebatte geistert.

> *„5. Wer nicht Staatsbürger ist, soll nur als Gast in Deutschland leben können und muß unter Fremden-Gesetzgebung stehen."*

(aus dem 25-Punkte-Programm der NSDAP vom Februar 1920)

Die Gastfreundschaft ausgerechnet bei den Germanen zu einem minderen Fremdenrecht verkommen, das hätte sich vor knapp zwei Jahrtausenden Tacitus nicht träumen lassen, als er in seiner Schrift „Germania (De origine et situ Germanorum liber)" einer korrupten und dekadenten römischen Gesellschaft deren Kultur als Gegenbild vor Augen gehalten hat.

> *(21,2) Für gemeinsame Mahlzeiten und Gastereien hat kein anderes Volk eine so ungemessene Vorliebe. Einem Sterblichen, gleich wem, sein Haus zu verwehren, gilt als Frevel. Jeder bewirtet mit einem seinen Verhältnissen entsprechenden Essen. Ist dies ausgegangen, so wird der bisherige Wirt Wegweiser und Begleiter zu einem anderen Gastgeber, und uneingeladen gehen sie in das nächste Haus.*
>
> *(21,3) Und es macht dies nichts aus: mit gleicher Freundlichkeit werden sie aufgenommen. Zwischen Bekannten und Unbekannten macht, was das Gesetz der Gastfreundschaft angeht, niemand einen Unterschied. Bittet sich einer beim Gehen etwas aus, ist es Sitte, es ihm zuzugestehen, und sich dagegen etwas auszubitten nimmt man ebenso leicht. Sie haben Freude an Geschenken, doch rechnen sie die gegebenen nicht an und fühlen sich durch die empfangenen nicht verpflichtet. Der Verkehr unter Gastfreunden ist freundlich.*

„notum ignotumque, quantum ad ius hospitis, nemo discernit" – zwischen Bekannten und Unbekannten macht, was das Gesetz der Gastfreundschaft betrifft, niemand einen Unterschied – wer heute von „Gastrecht" spricht statt von Gastfreundschaft, will aber unbedingt Unterschiede gemacht haben, einmal möchte er Einheimische und „Gäste" vom Gesetz ungleich behandelt wissen, dann möchte er dieses mickrige „Gastrecht" auch noch verwehren können, und zwar denen unter den „Gästen", die sich „nicht benehmen können", „nicht anpassen wollen", unsere „Leitkultur" partout nicht annehmen und was da sonst noch durch die sozialen wie asozialen Medien, Bütten-, Stammtisch- und Aschermittwochsreden rauscht. Das „Gastrecht verwehren", das wäre meiner überaus frommen und ansonsten geizigen Großmutter Berta übrigens nie eingefallen, auch den Gästen gegenüber nicht, die sich in ihren Augen am schlimmsten danebenbenommen haben, wenn sie sich nämlich geweigert haben, das, was sie ihnen zu essen und zu trinken aufgetischt hatte, anzunehmen. Glücksspiel, Saufen und außerehelichen Beischlaf konnte sie verzeihen, das aber nicht.

Auch wenn „hospes, hospitis" von Gastfreund, Gast über Fremder, Ausländer bis hin zu Wirt, Quartiergeber allerlei bedeuten kann, sollte man „ius hospitis" tunlichst nicht mit „Gastrecht" übersetzen – ich habe da so ein Beispiel vorliegen – weil man damit den Germanen den Unterschied unterstellt, den manche heute gern machen würde, den sie aber nach Tacitus gerade nicht machen. Das „ius hospitis" ist (nach Tacitus) das (ungeschriebene) Gesetz der Gastfreundschaft, nach dem sich germanische Gastgeber verpflichtet fühlen, alle Gäste unterschiedslos zu behandeln und nicht schlechter zu bewirten als die Menschen, die zum Hausstand gehören. Einen größeren Unterschied dieser Art von Gastfreundschaft zum sogenannten „Gastrecht" der Nationalsozialisten, der Bildzeitung, der besorgten Bürger, der Bachmanns, Höckes und Seehofers kann es gar nicht geben.

In den Monaten zwischen dem Mauerfall und der Wiedervereinigung drehte Christoph Schlingensief einen wunderbaren Film, der

im November 1990 in die Kinos kam: „Das deutsche Kettensägenmassaker“. Eine westdeutsche Metzgerfamilie praktiziert hier eine blutige Variante von Gastfreundschaft, indem sie in einer schmuddeligen Hotelküche einreisende Ostzonenbürger der Reihe nach dahinmetzelt. Da „ius, iuris“ nicht nur Recht und Gesetz, sondern auch noch Brühe, Suppe, Tunke bedeutet, kann man „ius hospitis“ im Geiste dieses Films auch mit „Saft des Fremden“ übersetzen, womit dann der besorgte Bürger endlich da angekommen wäre, wo er schon immer hin will, nämlich am Ort seiner Sehnsucht, seinem „Panama“ (Janosch) bis in alle Ewigkeit im eigenen Saft zu schmoren. In einem Römertopf auf einem Kohleherd in einer hessischen Hotelküche hätte dann die Geschichte, wenigstens die deutsche, ihr Ende und die Seele, zumindest die deutsche, ihr Ruh.
In diesem Sinn wünsche ich allen Leserinnen jeglichen Geschlechts ein wunderschönes Wochenende in Ruhe und Zufriedenheit ohne böse Nachbarn, die zu Besuch kommen.

Samstag, 25. März 2017

Wannen

Silke Schmid aus Stuttgart fragt:

> *„Woher kommt die Bezeichnung Wanne für Polizeiwagen?“*

WikipeteR antwortet:

> *„Das ist ne Wanne, da mußt du sofort den Mittelfinger zeigen und Steine schmeißen, so schnell und soviel du kannst.“*

Diesen Ratschlag für das Überleben im Großstadtdschungel bekam mein Gewährsmann Klaus R. Anfang der 1980er Jahre an seinem ersten Tag in Kreuzberg, als zum ersten Mal in seinem Leben eines dieser Polizeifahrzeuge an ihm vorbeirauschte. Zehn Tage später war 1. Mai, Großkampftag in Kreuzberg. Klaus R. hockte mit einem Kumpel auf einem Dach, drehte sich eine Tüte, um bei dem Schlachtgetümmel unter ihm seinen inneren Frieden zu bewahren, und dachte an nichts Böses, als plötzlich ein vermummter Typ mit einer zwei Meter langen massiven Eisenstange von Leitungsrohrdicke auf dem Dach auftauchte, auf die Frage, was er damit wolle, „Bullen plattmachen" knurrte und die Stange wie einen Speer auf eine unten vorbeifahrende Wanne schleuderte. Der Speer durchbohrte das Fahrzeug von oben bis unten und blieb erst im Straßenbelag stecken. Getroffen und verletzt wurde niemand.

> *„Ja, Angst habe er. [...] Wenn es los geht, wenn er durch die Gitter in die aggressiven Gesichter blickt, wenn die Leute draußen schreien: ›Scheiß' Bullen!‹ Wenn es so unglaublich laut wird im Wagen, weil die Pflastersteine nur so auf das Blech hageln, so laut, daß man sich anbrüllen muß, um sich zu verständigen. Ganz natürlich sei das mit der Angst. [...] Man kann es nachvollziehen, wenn man drin sitzt, in der legendären Wanne, dem in zahllosen Straßenkämpfen erprobten Mannschaftswagen der Berliner Polizei. Zwei Bänke an jeder Seite, mit grauem, abgewetztem Kunststoff überzogen, darüber ein Gepäcknetz, wie man es aus Bus und Bahn kennt, für Helm und Knüppel, die großen Schutzschilder klemmen unter Gummiseilen unter dem Dach. Das wird eng für zehn bis zwölf Männer und Frauen in 15 Kilo schwerer Schutzmontur."*
> Polizeioberkommissar Andreas T. 2005 in einem Bericht des Spiegel über das Ende der „Berliner Wannen"

Die Rede ist in beiden Fällen von Mercedes-Benz-Transportern der Baureihe T2. Die ersten dieser Fahrzeuge wurden von der Berliner Polizei 1972 angeschafft. Bis dahin wurden die Beamten noch auf offenen Lastwagen zu Großeinsätzen gekarrt. Die eigneten sich natürlich viel weniger als die geschlossenen Wannen die Aggressionen anzuheizen, indem man, wie oft genug belegt, die Einsatzkräfte stundenlang sinnlos durch die Gegend karrt und mit Fake-Nachrichten über die angebliche Brutalität der Demonstranten heißmacht. Die Transporter der Baureihe T2, auch DüDos genannt, wurden von 1967 bis 1986 von Mercedes in Düsseldorf als Feuerwehr- und Polizeifahrzeug, Rettungswagen oder Paket-Zustellfahrzeug gebaut. Die Polizei Berlin schaffte von 1972 bis 1996 250

Stück davon an, anfangs für 30.000 (L 408), zum Schluß für 150.000 Mark (611 D). Seit 2005 werden sie nach und nach ausrangiert.

„Berühmtheit erlangten die DüDos unter dem Spitznamen Berliner Wanne als (meist arg verbeultes) Einsatzfahrzeug der Berliner Polizei, die ihre Beamten damit zu Demonstrationen und Krawallen beförderte. Als nahezu unverwüstlich erweisen sich die Transporter aus Düsseldorf damit nicht nur im Einzelfall.“
(www.mercedes-seite.de)

„Die Berliner Wanne hat ausgedient. […] Eine Ikone der bundesdeutschen Demonstrationskultur verschwindet von den Straßen der Hauptstadt.“
(www.spiegel.de/panorama/ vom 4. März 2005)

Ich weiß nicht, wer diesen Begriff „Berliner Wanne“ erfunden hat und wer ihn hier von wem abgeschrieben hat, der Spiegel von Mercedes oder Mercedes vom Spiegel, in der gesamten linken Literatur und in der gesamten an „Demonstrationen und Krawallen“ mit diesen Fahrzeugen konfrontierten Szene findet er sich nicht, da sagt man schlicht „Wanne“, wo in dieser Republik man sich auch befindet und um welchen Fahrzeugtyp es sich auch handelt, wenn mehr als sechs Beamte darin Platz finden. Transportfahrzeuge mit kleinerer Besatzung nennt man „Dose“. „Berliner Wanne“ hat nur deshalb einen Hauch von Berechtigung, weil sich von Berlin als „Zentrum der bundesdeutschen Demonstrationskultur“ aus der Spitzname „Wanne“ für die Einsatzfahrzeuge der Polizei in die gesamte Republik verbreitet hat.

Wer die Bezeichnung „Wanne“ für die Mannschaftstransportfahrzeuge der Polizei zuerst erdacht und ausgesprochen hat und auf welchem Geistesblitz das beruht, läßt sich nicht mehr feststellen. Auf keinen Fall hat das etwas damit zu tun, daß sie vom Steinhagel zerbeult waren, wie Spiegel und Mercedes gern suggerieren möchten. Als ob das Zerbeultsein ein Charakteristikum der Wanne wäre. Die Zinkwanne, die in meiner Kindheit am Samstagabend in die Waschküche gestellt wurde, damit wir darin gebadet werden

konnten, war auch nicht zerbeult und hieß trotzdem zu Fug und
Recht Wanne.

> *„das wort wurde mit der sache von den Römern übernommen*
> *[...] es ist ein eirundes, nach unten flach gewölbtes geflecht aus*
> *ruten, binsen, stroh oder auch dünnen holzspänen ...“*

Nach dem Deutschen Wörterbuch von Jacob und Wilhelm Grimm
macht die Wannenform eine Wanne zur Wanne. Und so wird auch
ein Schuh daraus. Denn die Mannschaftstransportwagen der Berliner Polizei waren nicht die ersten Fahrzeuge, die als „Wanne“ bezeichnet wurden. Das Erstgeburtsrecht gehört hier dem schwimm-
fähigen VW-Kübelwagen Typ 166, von dem von 1942 bis 1944
14.000 Stück für die Wehrmacht hergestellt wurden. Und auch der
wurde gewiß nicht wegen gelegentlicher Beulen so genannt. So
schwingt in der Verspottung als „Wanne“ auch das Martialisch-Mi-
litärische mit, das diese Fahrzeuge bei ihren Einsätzen ausstrahlen.
Der „Bullenzeichner“ Gerhard Seyfried merkt dazu an:

> *„Sie sind die letzte Erscheinungsform des guten alten Überfall-*
> *kommandos ... das sichtbare Symbol für die Staatsgewalt ...*
> *das sah immer gut aus, wenn die in ewigen Kolonnen zu ihren*
> *Einsätzen gefahren sind. Das hatte sowas Militärisches.“*

Am nächsten Samstag (1. April, Jahrestag der Urteilsverkündigung
im Hochverratsprozeß gegen Hitler, Ludendorff und Konsorten)
wollen die Hardcore-Nazis vom „Freundeskreis/Thügida“ wieder
in Göttingen aufmarschieren. Bis jetzt sind fünf Gegenveranstal-
tungen mit über 1.500 erwarteten Teilnehmern angemeldet. Unter
anderem wird die Partei Die PARTEI eine „Mauer der Liebe“ quer
über die Berliner Straße errichten. Die Polizei wird wieder mit dem
Einsatz einer Armada von „Wannen“ versuchen, die Faschisten
vom „Freundeskreis“ vor dem gerechten Volkszorn zu bewahren.
Ohne diesen Schutz wären die Nazis schnell weg vom Fenster und
würden es nimmermehr wagen, hier aufzutreten.
Nur noch siebenmal Schlafen. Bis dahin wünsche ich allen Leserinnen jeglichen Geschlechts ein schönes Wochenende und eine ru-
hige Woche.

Eine Mauer der Liebe

Valeska O. aus Spandau hat auf Twitter von der Mauer gelesen, die von den Fachleuten der Partei Die PARTEI morgen während einer Kundgebung gegen den Aufmarsch der Hardcore-Nazis vom „Freundeskreis/Thügida" quer über die Berliner Straße errichtet werden soll, und fragt:

> *„Wieso heißt es Mauer der Liebe?"*

WikipeteR antwortet:

„Liebe ist nur ein Wort", versucht sich Johannes Mario Simmel an einem Ausweichmanöver. „Im Anfang war das Wort ...", hält ihm der Evangelist Johannes entgegen, „... und das Wort hieß Ömmm" würgt Wiglaf Droste die Debatte ab.

Wo er Recht hat, hat er Recht. „Mauer des Ömmm" hört sich tatsächlich noch nicht einmal halb so gut an wie „Mauer der Liebe". Obwohl: Der drostesche Vorschlag einer Mauer aus Menschen, die ihre Köpfe nickend und wackelnd auf und ab und hin und her bewegen und laut vor sich hin ömmen, hätte durchaus etwas für sich.

> *„Mauer der Liebe, weil die Mauer mit ganz viel Liebe gebaut wird ... alternativ besteht auch die Möglichkeit, an der Mauer der Liebe Liebe zu machen ... aber man sollte sich nicht von der Polizei erwischen lassen."*
> Sarah M. (Die PARTEI)

> *„Also für mich ist es eine Mauer der Liebe, weil ich mich einfach unglaublich gerne abgrenze, gegenüber Ostdeutschland, gegenüber Neonazis und gegenüber Nachbarn. Denn niemand mag Nachbarn."*
> Tobi D. (Die PARTEI)

> *„Ich schließe mich allen Argumenten meiner Vorredner an und ergänze nur eine Kleinigkeit. Mauern schaffen Arbeitsplätze; wenn sie gebaut werden: im Bausektor; wenn sie fertig sind: für Grenzschutz und Schmuggler; wenn sie abgerissen werden: wieder im Bausektor. Eine Mauer ist stets mit einem Traum verbunden, denn sie läßt der Phantasie freien Lauf: was man nicht sieht, das stellt man sich vor; was man nicht haben kann, das*

will man. Hier besteht also der direkte Zusammenhang mit der Bedürfnispyramide von Maslow. Darüber hinaus bieten Mauern eine gute Basis für keynesianische Politik, wie oben bereits erwähnt"
Helena A. (Die PARTEI, Ratsfrau, studiert)

„Mauern schützen unsere Liebe, gekauft oder nicht. Mauern halten den lüsternen Dritten fern, der uns seit jeher die Frau rauben will."
David F. (Die PARTEI, Generalsekretär)

Und, möchte ich hinzufügen, als antifaschistischer Schutzwall können Mauern das Nazigelichter fernhalten, das mehr oder weniger regelmäßig unser schönes Göttingen mit „Mahnwachen" und Aufmärschen heimsucht. Eine wirklich treffende Antwort auf die Frage, warum wir eine solche Mauer, die diesen nazionalen Bodensatz von uns fern halten soll, als „Mauer der Liebe" anpreisen, finden wir in der Welt der leichten Muse. Ausgerechnet.

„Ja – mild sang die Nachtigall
Ihr Liedchen in die Nacht:
Die Liebe, die Liebe
Ist eine Himmelsmacht."
(Johann Strauss Sohn, Der Zigeunerbaron, 1885)

Ja, die Liebe ist wirklich eine Himmelsmacht und eine nicht zu unterschätzende Kraft im Kampf gegen jegliches Unheil auf dieser Welt, ob es uns nun als Faschismus, als Haferbrei mit lauwarmer Ziegenmilch und Rosinen oder als waschpulverstehlende Nachbarin gegenübertritt. Gegen das alles hilft die Liebe als stärkste Arznei der Welt, viel stärker noch als Globuli mit milliardenfach verdünnten Wirkstoffen.

„Liebe ist die stärkste Macht der Welt", stellte Mahatma Gandhi einst fest und behielt auch noch Recht, denn am guten Ende hat er mit ihrer Hilfe die britische Kolonialmacht besiegt. Das ist eine historische Tatsache. Schlußendlich kann die Liebe sogar als tödliche Waffe verwendet werden.

Das Zitat stammt aus dem Film „Teuflische Brüste“ (Deadly Weapons, USA 1973), in dem dieser Larry von zwei Killern, mit denen er in krumme Geschäfte verwickelt ist, umgebracht wird. Seine Freundin Crystal, gespielt von Chesty „183-79-88“ Morgan macht sich auf die Suche nach den Mördern, findet sie und rächt ihren Larry an ihnen, indem sie die beiden so lange liebevoll gegen ihre ungeheuren Brüste drückt, bis sie erstickt sind.

Die Liebe ist also nicht nur ein Wort oder ein mehr oder weniger erfreuliches Gefühl, die Liebe ist eine Himmelsmacht, die stärkste Kraft der Welt und eine tödliche Waffe gegen das Böse, Mauern wiederum sind Schutzwälle gegen Störungen von außen, sie schirmen uns, unsere Lieben und unsere Liebe gegen alle Unbill ab, warum, frage ich, sollen wir diese beiden Kräfte nicht miteinander verbinden und den antifaschistischen Schutzwall, den wir morgen gegen den Aufmarsch der Nazis errichten, als „Mauer der Liebe“ bauen? Nichts spricht dagegen und alles dafür.

Morgen, Samstag, 1. April 2017, baut die Partei Die PARTEI ab 12:30 Uhr an der Ecke Weender/Berliner Straße diese „Mauer der Liebe“ aus leeren Schuhkartons und Paketband. Etwas anderes mochten die Ordnungskräfte nicht genehmigen. Je mehr Menschen die fleißigen Experten, Baufachleute und Helfer von der PARTEI dabei unterstützen, je mehr Schuhkartons zusammenkommen und zu einer mächtigen „Mauer der Liebe“ zusammengefügt werden, desto deutlicher das Signal gegen den faschistischen Aufmarsch. Spendet Schuhkartons (werden ab 11 Uhr an Ort und Stelle entgegengenommen) und strömt massenhaft herbei!

Bleibt nur noch, allen Leserinnen jeglichen Geschlechts, allen Aktivisten vom Bündnis gegen Rechts sowie den Bauleuten von der Partei Die PARTEI ein schönes Wochenende und einen erfolgreichen Mauerbau zu wünschen. Venceremos!

Jungfernzeugung

Frau Rettich aus Göttingen fragt:

> *„Hier, ich hab ne Frage: gibt es nur männliche Beschäler und warum?"*

WikipeteR antwortet:

> *„BESCHÄLER, m. equus admissarius, ahd. scelo (GRAFF 6, 474), was aber zugleich burdo, onager und tragelaphus ausdrückt, gerade wie ein andrer name des hengsts warannio, reineo an rheno, das männliche rennthier reicht (vorr. zur lex. sal. XXVIII. XXIX). auf jeden fall ist scelo ein uraltes wort, dunkler abkunft, vgl. das mhd. schelch. Zur aufnahme der pferdezucht werden an vielen stellen im lande tüchtige beschäler unterhalten und ihnen gegen geringe abgabe die stuten zugeführt. im Rheinland hörte man katholische bauern, die für [1,1545] ihre stuten von fremden beschälern fürchteten, laut sagen: wir wollen die verfluchten lutherischen hengste nicht."*
> Deutsches Wörterbuch von Jacob Grimm und Wilhelm Grimm

Jacob Grimm, der die Buchstaben A, B, C und E des Deutschen Wörterbuchs höchstpersönlich und vollständig bearbeitet hat, über dem Buchstaben F, pfeilgrad beim Stichwort „Frucht", wurde er dann dahingerafft, wußte es und der Tierarzt und Direktkandidat Dr. Christian Prachar weiß es gewiß auch. Ein Beschäler im engeren Sinn ist ein Zuchthengst, im weiteren Sinn ein Säugetiermännchen, das ein Weibchen zum Zweck der Fortpflanzung – nicht zum Zweck der Lust! – bespringt beziehungsweise beschält. Die Stute, um bei den Pferden zu bleiben, wird ihrerseits besprungen, der Wallach ist zwar männlich, aber nicht mehr für die Fortpflanzung ausgestattet, es sei denn, er heißt nur so, wie etwa der Schauspieler Eli Wallach, der es in seinem achtundneunzigjährigen Leben immerhin zu drei Kindern gebracht hat. Ein Beschäler muß in jedem Fall männlich und zudem zeugungsfähig ausgestattet sein.

> *„Und als die neue Lehrerin hier reinkommt, steht er auf, holt seinen Lümmel raus und legt ihn hier auf'n Tisch."*
> *„As'n Hengst sien', segg ich di, as'n Hengst sien'."*

„Ge-wal-tich!"

„Hier auf den Tisch. Neben den Teller."

„As'n Hengst sien'! Sowas hast noch nich sehn!"
(1973 in einem Dorfgasthof kurz hinter Celle aufgeschnappt)

Anders als diese Bauern aus der Lüneburger Heide glaubten, spielt die Größe des Gemächts übrigens keine Rolle, damit ein junger Bursche als Beschäler wirken kann, nur seine Fähigkeit, genügend gesunde Spermien zu produzieren. Und, so lehren uns die Natur und neuerdings auch die Wissenschaft, in vielen Fällen sind noch nicht einmal Beschäler und Deckakt notwendig, um Fortpflanzung und Arterhaltung zu gewährleisten.

Rädertierchen, Bärtierchen, Fadenwürmer, Kakerlaken, Rüsselkäfer, viele Fransen- und Hautflügler, Honigbienen, Gallmücken, Milben, Skorpione, Krebse, Schnecken, Geckos, Komodowarane, Wassermokassinottern, Nordamerikanische Kupferköpfe, Blumentopfschlangen, Tigerpythons, Bambushaie, Hammerhaie, Schwarzspitzenhaie, Schwellhaie, Zebrahaie und sogar Truthühner, die Liste der Tiere ist lang, die sich eingeschlechtlich, das heißt, ohne von einem männlichen Artgenossen befruchtet zu werden, fortpflanzen können. Durch bestimmte Hormone wird der unbefruchteten Eizelle eine Befruchtungssituation vorgetäuscht, worauf diese sich zu teilen beginnt und zu einem Organismus heranreift. Parthenogenese, Jungfernzeugung, nennt man diese Art der Befruchtung, aus der aber nur fast mit der Mutter identischer weiblicher Nachwuchs hervorgehen kann.

Wenn es dieses Phänomen in der Tierwelt gibt, sagte sich 1955, Jungfernzeugung war gerade bei Zahnkarpfen wissenschaftlich einwandfrei nachgewiesen worden, die Sonntagszeitung „Sunday Pictorial", wenn es dieses Phänomen also in der Tierwelt gibt, dann vielleicht auch beim Menschen, und startete in riesenhafter Aufmachung eine Suche nach jungfräulichen Müttern. 19 Frauen meldeten sich. Elf davon hatten die Frage falsch verstanden und waren trotz intakten Hymens schwanger geworden. Die restlichen acht beteuerten, Mädchen geboren zu haben, ohne zu der fraglichen Zeit Umgang mit Männern gehabt zu haben.

„Ich war siebzehn Jahre alt, als ich in einem Londoner Krankenhaus ein Mädchen zur Welt brachte. Als der Arzt mir zuerst sagte, ich sei schwanger, glaubte ich, er hätte sich schrecklich geirrt. Ich war zwar damals verlobt, aber mein Verlobter glaubte mir, als ich sagte, es gebe keinen anderen Mann in meinem Leben. Wir heirateten. Doch meine Verwandten und Freunde haben mir nie geglaubt.“

Einer der Frauen hatte ihr Arzt eröffnete, sie befinde sich im dritten Schwangerschaftsmonat, obwohl zu diesem Zeitpunkt schon seit fünf Monaten getrennt von ihrem Mann war. Eine andere war verheiratet, hatte infolge psychischer Hemmungen noch nicht ein einziges Mal ihre „ehelichen Pflichten erfüllt", war aber trotzdem schwanger. Diese drei und die fünf ähnlich gelagerten Fälle wurden von Dr. Stanley Balfour-Lynn (Parthenogenesis in human beings. Lancet 1956) eingehend untersucht. Im Blut von sechs der Töchter fand er Antigene, die bei der Mutter nicht vorhanden waren, eine Mutter hatte blaue Augen, die Tochter aber braune: Jungfernzeugung in diesen Fällen Fehlanzeige. Zur genetischen Prüfung im übriggebliebenen Fall wollte Balfour-Lynn ein Stück Haut von der Tochter auf die Mutter überpflanzen und umgekehrt. Damals galt es als gesichert, daß ein solches Transplantat nur anwachsen könnte, wenn der Spender des Gewebes mit dem Empfänger genetisch absolut identisch sei. Die Mutter lehnte es ab, sich dieser Operation zu unterziehen; inzwischen wissen wir allerdings, daß das auch bei positivem Ausgang keinen eindeutigen Beweis für die „unbefleckte Empfängnis" geliefert hätte. DNS-Profile konnte man 1956 ja leider noch nicht erstellen.

Jungfernzeugung, natürlich und spontan, gut und schön, sagen sich der emsige Wissenschaftler und sein Helferlein, aber darauf bin ich doch gar nicht angewiesen, ich mische mir meine Kreatur im Erlenmeyerkolben selbst zusammen. So haben die Amerikaner Gregory Pincus und Herbert Shapiro angeblich schon 1932 durch Kühlung unbefruchteter Eier im Mutterleib in einem Fall eine künstliche Parthenogenese bei einem Kaninchen ausgelöst, das daraufhin ein lebendes Junges zur Welt brachte. Ob die Eier wirklich unbefruchtet waren, wird allerdings bezweifelt. So ist wohl doch das bekannte Klonschaf Dolly das erste jungferngezeugte Säugetier. Im Februar 1996 wurden für dessen Herstellung 277 Eizellen mit Zellkernen aus den Euterzellen des Spendertiers geimpft. Daraus entstanden 29 Embryonen, von denen eines, Dolly, überlebte. Weihnachten 2002 meldete sich dann Brigitte Boisselier, Chemikerin, Bischöfin, Direktorin des von der Raelianersekte gegründeten Unternehmens Clonaid, zu Wort. Die Schöpfung habe neu begonnen. Das erste geklonte Baby mit dem Eva sei auf die Welt gekommen. Es wiege 32000 Gramm und sei aus der Hautzelle einer 31-jährigen US-Amerikanerin entstanden. Da die Weltöffentlichkeit bisher aber weder dieses noch eines der vier weiteren Klonbabys, deren Geburt von der Sekte verkündigt wurde, zu Gesicht bekommen hat, ist die Geschichte von Eva und ihren Klongeschwistern höchstwahrscheinlich frei erfunden. Claude Vorilhon alias Raël, der Guru der Sekte, setzte noch einen drauf. Man wolle Adolf Hitler klonen, um ihn nachträglich für seine Taten vor Gericht zu stellen. Zudem hoffe man, aus den Blutflecken im Turiner Grabtuch das genetische Material zu gewinnen, mit dessen Hilfe man Jesus von Nazareth klonen könne. Zur Freude der Männerwelt plane man zudem, empfindungslose menschliche Sexsklaven zu klonen:

> *„Wenn wir können, werden wir Sexpuppen machen, die nicht aus Gummi, sondern aus Haut bestehen. Wie ein Mensch, nur ohne Willen, Schmerzempfinden und Persönlichkeit."*

Heißa! Was für eine schöne neue Welt, die dann – weil alle nur noch mit den willigen Sexsklavinnen rummachen – ausschließlich von lauter Jesusklonen als Inkarnationen des Guten, kleinen Hitlers als Inkarnationen des Bösen und ihren willfährigen Gespielinnen nach dem Vorbild Brigitte Boisseliers als Inkarnationen des ewig Weiblichen bevölkert wäre. Wenn das der Führer wüßte. Der würde glatt wiederauferstehen, um den Endsieg über den Juden Jesus zu erringen und ihn von dieser Erde zu tilgen.

Nein, dieser Dystopie ziehe ich doch bei weitem den Plan Hannes Waders aus seinem Lied „Langeweile" von 1972 vor, den Zuchthengst – Beschäler! um zum Schluß doch wieder bei der Frage anzukommen – für die gesamte Menschheit abzugeben.

> *„Ich denke, ich werde irgendwann noch vernünftige Dinge tun*
> *Zum Beispiel, meinen Samen auf die Spermenbank tragen ab nun*
> *Und nicht sterben bis jedes Kind, das du auf der Straße siehst*
> *Von meinem Blut und nach meinem Bilde angefertigt ist"*

Bleibt mir nur noch, allen Leserinnen jeglichen Geschlechts ein schönes Wochenende zu wünschen. Was ich hiermit erledigt habe.

Freitag, 14. April 2017

Schrödingers Katze
Jitzhak Speizmann aus Peine oder irgendeinem anderen Ort fragt:

> *„Lieber WikipeteR, ist Schrödingers Katze tot oder lebendig?"*

WikipeteR antwortet:

Sehr verehrter Herr Speizmann, sie ist gleichermaßen tot und lebendig, das ist doch der Clou an der ganzen Sache. Wäre ihr Zustand eindeutig und nicht unbestimmt, dann wäre es auch nicht Schrödingers Katze, sondern vielleicht die Katze der pfeiferauchenden polnischen Nachbarin und wir könnten am Geruch der Fußmatte feststellen, daß sie noch lebt. Doch hören wir den Meister selbst.

> *„Man kann auch ganz burleske Fälle konstruieren. Eine Katze wird in eine Stahlkammer gesperrt, zusammen mit folgender Höllenmaschine (die man gegen den direkten Zugriff der Katze sichern muß): in einem Geigerschen Zählrohr befindet sich eine winzige Menge radioaktiver Substanz, so wenig, daß im Laufe einer Stunde vielleicht eines von den Atomen zerfällt, ebenso wahrscheinlich aber auch keines; geschieht es, so spricht das Zählrohr an und betätigt über ein Relais ein Hämmerchen, das ein Kölbchen mit Blausäure zertrümmert. Hat man dieses*

135

ganze System eine Stunde lang sich selbst überlassen, so wird man sich sagen, daß die Katze noch lebt, wenn inzwischen kein Atom zerfallen ist. Der erste Atomzerfall würde sie vergiftet haben. Die Psi-Funktion des ganzen Systems würde das so zum Ausdruck bringen, daß in ihr die lebende und die tote Katze (s.v.v.) zu gleichen Teilen gemischt oder verschmiert sind. Das Typische an solchen Fällen ist, daß eine ursprünglich auf den Atombereich beschränkte Unbestimmtheit sich in grobsinnliche Unbestimmtheit umsetzt, die sich dann durch direkte Beobachtung entscheiden läßt. Das hindert uns, in so naiver Weise ein ‚verwaschenes Modell‘ als Abbild der Wirklichkeit gelten zu lassen. An sich enthielte es nichts Unklares oder Widerspruchsvolles. Es ist ein Unterschied zwischen einer verwackelten oder unscharf eingestellten Photographie und einer Aufnahme von Wolken und Nebelschwaden.“
(Erwin Schrödinger, Die gegenwärtige Situation in der Quantenmechanik, 1935)

Und da Schrödingers Katze nun keine wirkliche Versuchsanordnung ist, sondern nur ein burleskes Gedankenexperiment, das uns die Quantenphysik näher bringen kann oder auch nicht, gibt es auch noch verschiedene Interpretationen der Abläufe im geschlossenen Kasten, als handle es sich nicht um ein physikalisches Phänomen, sondern um ein Gemälde, einen literarischen Text oder das Heilige Buch einer Religion. So sind nach der Dekohärenztheorie der Detektor in der Vergiftungsapparatur und damit auch die Katze selbst eine Meßapparatur: Der Zerfall des Atomkerns führt zur Dekohärenz der Wechselwirkungen zwischen Atomkern und Detektor. Nach der Kopenhagener Deutung entscheidet sich erst bei der Messung ob die Katze tot oder lebendig ist. Vor der Messung kann über den Zustand der Katze lediglich eine Wahrscheinlichkeitsaussage getroffen werden.

Meine Lieblingsglaubensrichtung ist die Viele-Welten-Interpretation, die allen möglichen Zuständen (also hier „Katze tot“ und „Katze lebendig“) gleichermaßen physikalische Realität zuspricht. Es gibt dann tatsächlich ein Universum, in dem das Atom zerfallen ist, und eines, in dem das Atom noch nicht zerfallen ist. Im ersten Universum öffnen wir den Kasten und finden die Katze tot, im zweiten Universum ist die Katze lebendig. Unsere Erinnerungen und das, was wir als Realität wahrnehmen, entsprechen dann nur einer von unzähligen möglichen (und gleichermaßen realisierten) Geschichten des Universums.

Bei Douglas Adams – jetzt weiß ich endlich, woher er das hat – wimmelt es ja auch von diesen Paralleluniversen. In einem scheint die Erde nicht von den Vogonen zerstört und sein Haus nicht abgerissen worden zu sein, in einem anderen lebt Elvis noch und spielt im Hinterzimmer einer Kneipe so entspannt vor sich wie in diesem Universum sonst nur am 4. Dezember 1956 bei der Jamsession mit Johnny Cash, Jerry Lee Lewis und Carl Perkins. Wenn diese Theorie stimmt, dann gibt es Trilliarden von Paralleluniversen und unter denen garantiert eines, in dem Adolf Hitler schon im April 1922 als Gefährder nach Österreich abgeschoben wurde, eines, in dem ihn die Bombe vom 20. Juli 1944 erwischt hat, eines, in dem er den Weltkrieg gewonnen hat und als Friedensfürst gilt, eines, in dem Möllemann lebt, eines, in dem der SV Schessinghausen in der 1. Bundesliga spielt, eines, in dem Arno Schmidt mit dem Literaturnobelpreis geehrt wurde, und eines, in dem Long Dong Silver nur mit einem Mikropenis begabt ist.

Uns selbst findet man in diesen Universen in zumindest drei Zuständen. In den meisten davon gibt es uns allein deshalb nicht, weil entweder wir oder schon unsere Vorfahren überhaupt nicht gezeugt worden sind – die Gründe mag sich jeder selbst ausmalen –, in einigen Universen leben wir noch und in einigen sind wir schon gestorben. Bei Schrödingers Katze müssen wir den Kasten öffnen, um zu bestimmen, in welchem Zustand sie sich befindet, zur Überprüfung des eigenen Zustands – „lebendig" oder „tot" – haben sich andere Methoden bewährt. Junge Eltern müssen nur durch irgendein Zimmer gehen und auf einen der Millionen herumliegenden Legosteine treten, andere zwicken oder ohrfeigen sich, wieder andere brauchen erst einmal einen Kaffee oder eine Zigarette oder beides.

Nicht gut ist es, wenn man zur Zustandsvergewisserung einen Doppelkorn braucht.

Ernest Hemingway soll vor dem ersten Drink und vor dem ersten Kaffee erst einmal Russisch Roulette gespielt haben, um den Zufall entscheiden zu lassen, in welchem dieser beiden Zustände – „lebendig" oder „tot" – er den Tag beenden sollte. Ob das wahr ist oder nicht, weiß ich nicht. Ich habe es jedenfalls um 1960 herum so im Stern gelesen. Die Reportage hat mich damals dazu veranlaßt, mir „Der alte Mann und das Meer" aus dem Bücherschrank meiner Eltern vorzunehmen. Kann Hemingway wegen dieses Nervenkitzels, den er brauchte, um den Tag zu überstehen, als Schrödingers Ernest durchgehen? Nein, denn ob sich ein Schuß löst oder nicht, hängt nicht wie das Zerfallen des Atoms im geschlossenen Kasten allein vom Zufall ab. Es gibt Faktoren wie etwa die gewählte Anfangsposition der Patrone im Revolver, das unter Umständen spürbare Gewicht der Patrone, den Zeitraum der Drehung bei eingeübter Drehgeschwindigkeit und die räumliche Ausrichtung der Trommel, die eine – bewußte oder unbewußte – Beeinflussung des Vorgangs durch den Spieler gestatten.

„… as long as the tomb is closed, Jesus is both alive and dead", sagt der „vergessene Jünger" Erwin Schrödinger in einer dieser Tage auf Twitter weit verbreiteten Karikatur. Aber Kevin Frank irrt. Im Fall der Auferstehung kann man Schrödingers Katze nicht durch Jesus ersetzen. Denn auch hier regiert nicht der Zufall, sondern – und deshalb wird die Geschichte doch seit zwei Jahrtausenden erzählt – allein Gottes Wille und beweist zumindest der Christenheit quasi nicht die Quantentheorie, sondern dessen Allmacht.

> *„Und überhaupt: Schrödingers Katze ist an allem schuld!"*
> Peter Walther aka @archilocheion aka Scharfrichter aka Dr. Seltsam aka Herr Natürlich aka Zapp

Mit diesen Worten sollte die heutige Kolumne enden. Das habe ich dem Fragesteller versprochen und das halte ich auch, obwohl ich zwischendurch nicht mehr wußte, wie ich die Kurve dahin noch kriegen sollte.

„SCHRÖDINGERS KATZE IST AN ALLEM SCHULD!"

Mit diesen Worten endet nicht nur die heutige Kolumne, sondern vorerst auch das Projekt „Nicht verzagen – WikipeteR fragen". Der Kolumnist macht Pause. Wie lang die sein wird, weiß er selbst noch nicht. Das hängt auch von den anderen Projekten ab, an denen er gerade sitzt oder eben wegen dieser Kolumne nicht sitzt.

Bleibt noch, allen Leserinnen jeglichen Geschlechts ein schönes Osterfest zu wünschen und mich für die vielen wunderbar anregenden Fragen und das Leseinteresse zu bedanken. Danke & tschüß!